1+X 职业技能等级证书培训教材

轨道交通装备无损检测
（初级）

中国中车集团有限公司　编

本书是一部轨道交通装备无损检测职业技能等级考核的培训教材，由中国中车集团有限公司组织行业专家和中高职院校专业教师根据《轨道交通装备无损检测职业技能等级标准》要求编写而成。

本书主要内容包括：职业道德与职业守则、磁粉检测、渗透检测、超声波检测、射线检测、涡流检测、目视检测七个模块。

本书以轨道交通装备无损检测职业技能需求为核心，强化轨道交通装备行业特色，围绕企业需求进行编写，既注重内容与轨道交通装备无损检测职业技能要求相匹配，又加强了理论与实践应用的结合，并且紧跟现代科学技术的发展，及时跟踪和介绍国内外无损检测行业的新观点和新技术。

本书既可作为应用型本科院校、高等职业院校和中等职业院校轨道交通装备无损检测职业技能培训教材，也可供各企业生产一线人员、质量管理及检测人员、安全监督人员、工艺技术人员、研究机构参考学习。

图书在版编目（CIP）数据

轨道交通装备无损检测：初级/中国中车集团有限公司编．—北京：机械工业出版社，2021.9

1+X 职业技能等级证书培训教材

ISBN 978-7-111-69083-2

Ⅰ.①轨⋯ Ⅱ.①中⋯ Ⅲ.①轨道交通–交通设施–无损检验–职业技能–鉴定–教材　Ⅳ.①U239.5

中国版本图书馆 CIP 数据核字（2021）第 184336 号

机械工业出版社（北京市百万庄大街 22 号　邮政编码 100037）
策划编辑：张维官　责任编辑：张维官　王　颖
责任校对：朱光明　封面设计：桑晓东
责任印制：李　昂
北京联兴盛业印刷股份有限公司印刷
2022 年 2 月第 1 版第 1 次印刷
184mm×260mm・9.75 印张・234 千字
标准书号：ISBN 978-7-111-69083-2
定价：58.00 元

电话服务　　　　　　　　网络服务
客服电话：010-88361066　机　工　官　网：www.cmpbook.com
　　　　　010-88379833　机　工　官　博：weibo.com/cmp1952
　　　　　010-68326294　金　书　网：www.golden-book.com
封底无防伪标均为盗版　　机工教育服务网：www.cmpedu.com

轨道交通装备无损检测职业技能等级证书
培训教材专家委员会

主 任 委 员：楼齐良

副主任委员：魏　东　吴新林

委　　　员：万升云　曾金传　金国宝　郑小康
　　　　　　高金生　段怡雄　孙元德

办公室主任：曾金传

成　　　员：娄树国　李彦坤　曹炜洲　方　雁

《轨道交通装备无损检测（初级）》
编写委员会

主　　编：章文显

副 主 编：鲁传高　陈士华

编写人员：杨宝林　万宗珉　钱政平　尹　利　翟　煊
　　　　　李　明　张志平　林正帅　陈　浩

序

在推动经济高质量发展和产业转型升级的背景下,我国出台了《国家职业教育改革实施方案》(职教20条),提出"在职业院校、应用型本科高校启动'学历证书+若干职业技能等级证书'制度试点工作"。推动1+X证书制度试点工作的实施,是深化复合型技术技能人才培养培训模式改革的重要举措,需要职业院校、行业企业及各类社会力量的广泛参与。

中国中车集团有限公司(简称中国中车)是国务院国资委监管的中央企业,是国家高端装备制造业的排头兵。以高铁为代表的轨道交通装备制造,已成为享誉世界的"国家名片"。发展先进轨道交通装备制造,迫切需要造就一大批能够担当建设制造强国使命的技术技能人才。中国中车发挥央企使命担当,聚焦以先进轨道交通装备为代表的高端装备制造技术技能人才培育,积极参与1+X证书制度试点工作,已成为轨道交通电气设备装调、轨道交通装备焊接、轨道交通装备无损检测三项职业技能等级证书的培训评价机构。中国中车三项X证书,是基于轨道交通装备行业企业的产品技术和人才需求而开发的,具有在多行业广泛应用的价值。

教材是职业培训教学的重要工具。1+X职业技能等级证书培训教材是确保证书质量水平的关键载体。中国中车组织编写了轨道交通电气设备装调、轨道交通装备焊接、轨道交通装备无损检测三项职业技能等级证书的培训教材。为保证教材的质量,中国中车与职业院校教育专家、出版社联手,发挥具有丰富实践经验的一线高层次人才优势,集聚中华技能大奖获得者、内部科学家、首席专家、资深专家等60余人参与编写。在编写过程中,作者始终把教材的内容和质量放在头等重要位置,以职业技能等级标准为纲,充分吸收新技术、新工艺、新规范、新要求等内容,有效体现了教材的实践性、实用性和先进性。

教材开发是一项过程复杂、科学性要求高的活动。中国中车三项证书培训教材的出版,是参与职业教育教材开发的初步探索。教材中的疏漏和不足在所难免。我们将在1+X证书制度试点工作的实践中,不断优化完善,尤其是在活页式、手册式、立体化等新形态教材开发方面,将加大研发力度,为推进1+X证书制度试点工作实施贡献"中车力量"。

中国中车集团有限公司总经理

前　言

职业教育是国民教育体系和人力资源开发的重要组成部分，职业教育的高质量发展，对于培养未来的大国工匠、技能大师等高素质技能人才有着直接的推动作用。随着我国工业的飞速发展，高技能人才短缺的问题逐步显现，传统的职业教育方式已不能满足用人单位的需求。因此，加快发展现代职业教育，推进职业教育改革创新，不仅是提升人力资源素质、稳定和扩大就业的现实需要，更是建设现代化强国的重要举措。

伴随《国家职业教育改革实施方案》的印发，中国中车积极响应和参与1+X职业教育改革创新工作，起草了《轨道交通装备无损检测职业技能等级标准》，规范了各无损检测技能等级考核需满足的条件，将高职院校针对无损检测的技能培训与用人单位对人员技能的需求完美结合起来，大大提高了高职院校毕业生就业的优势，降低了企业的用人成本。

为进一步贯彻实施1+X轨道交通装备无损检测职业技能培训，充分体现轨道交通装备无损检测技术培训特点，特组织行业专家编写此书。

本书按照轨道交通装备无损检测的实际需要分为职业道德与职业守则、磁粉检测、渗透检测、超声波检测、射线检测、涡流检测和目视检测七个模块。每种无损检测方法的模块又分为知识准备和职业技能等多个项目，内容突出以检测任务为导向的特点。

由于编写时间仓促，编者水平有限，书中疏漏和不足之处在所难免，敬请各位读者批评指正。

编　者

2021年7月

目 录

序
前 言
模块一 职业道德与职业守则 ··· 1
  项目一：职业道德基本知识 ·· 1
  项目二：无损检测人员职业守则 ·· 4
  项目三：无损检测认知 ·· 5
模块二 磁粉检测 ·· 9
  知识准备（1）：基础物理知识 ··· 9
    知识点一：磁学基本概念 ··· 9
    知识点二：磁粉检测基本原理 ··· 17
    知识点三：磁化电流 ··· 18
    知识点四：磁化技术 ··· 20
    知识点五：检测方法 ··· 23
    知识点六：磁化规范 ··· 25
  知识准备（2）：设备、器材、介质 ··· 25
    知识点一：磁粉检测设备 ··· 25
    知识点二：磁粉检测介质 ··· 27
    知识点三：辅助器材 ··· 28
  项目一：性能校验 ·· 30
    任务一：磁悬液测试 ··· 30
    任务二：可见光照度与紫外线辐射照度测试 ··· 31
    任务三：提升力、磁场强度与剩磁测试 ··· 32
    任务四：系统综合灵敏度测试 ·· 34
  项目二：检测实施 ·· 35
    任务一：固定式设备检测 ··· 35
    任务二：便携式设备检测 ··· 36
    任务三：磁痕观察与记录 ··· 37
    任务四：检测记录填写 ·· 38
模块三 渗透检测 ·· 40
  知识准备（1）：渗透检测的基础知识 ··· 40

　　知识点一：润湿和毛细现象 …………………………………………… 40
　　知识点二：渗透检测基本原理 …………………………………………… 41
　　知识点三：黑光和荧光 …………………………………………………… 41
　　知识点四：对比度和可见度 ……………………………………………… 41
　　知识点五：渗透检测的优缺点 …………………………………………… 42
　知识准备（2）：渗透检测材料及器材 ……………………………………… 42
　　知识点一：渗透检测材料 ………………………………………………… 42
　　知识点二：辅助器材 ……………………………………………………… 42
　知识准备（3）：渗透检测技术 ……………………………………………… 44
　　知识点一：渗透检测的时机 ……………………………………………… 44
　　知识点二：渗透检测工艺 ………………………………………………… 45
　　知识点三：渗透检测工艺流程 …………………………………………… 45
　　知识点四：显示痕迹辨识基础 …………………………………………… 45
　任务：检测实施 ……………………………………………………………… 46
　　任务一：工作准备 ………………………………………………………… 46
　　任务二：渗透检测性能校验 ……………………………………………… 47
　　任务三：渗透检测实施 …………………………………………………… 50

模块四　超声波检测 ……………………………………………………… 53
　知识准备（1）：超声波检测物理基础 ……………………………………… 53
　　知识点一：超声波检测技术的物理基础 ………………………………… 53
　　知识点二：超声波的发射和接收 ………………………………………… 58
　　知识点三：超声波检测方法及应用 ……………………………………… 59
　知识准备（2）：超声波检测器材 …………………………………………… 61
　　知识点一：超声波检测仪器 ……………………………………………… 61
　　知识点二：超声波探头 …………………………………………………… 63
　　知识点三：超声波检测试块 ……………………………………………… 64
　　知识点四：超声波检测耦合剂 …………………………………………… 69
　项目一：超声波检测性能测试 ……………………………………………… 70
　　任务一：超声波探伤仪性能测试 ………………………………………… 70
　　任务二：探头性能测试 …………………………………………………… 71
　　任务三：测距标定 ………………………………………………………… 73
　　任务四：系统性能测试 …………………………………………………… 74
　　任务五：灵敏度设定 ……………………………………………………… 76
　项目二：超声波检测实施 …………………………………………………… 76
　　任务一：预处理 …………………………………………………………… 76
　　任务二：仪器调节 ………………………………………………………… 77
　　任务三：扫查 ……………………………………………………………… 79

任务四：反射体定位	80
任务五：反射体定量	82

项目三：波形观察与记录 ································· 84
项目四：检测记录填写 ································· 85

模块五　射线检测 ································· 88
知识准备（1）：射线检测基础知识 ······················· 88
　　知识点一：射线检测的物理基础 ····················· 88
　　知识点二：射线检测的原理 ························· 89
知识准备（2）：射线检测设备 ·························· 89
　　知识点一：X射线机 ······························ 89
　　知识点二：γ射线机 ······························ 92
　　知识点三：工业射线胶片 ························· 94
　　知识点四：观片灯、黑度计和标准密度片 ············ 95
知识准备（3）：透照技术 ······························ 98
　　知识点一：透照布置 ······························ 98
　　知识点二：透照参数 ······························ 98
　　知识点三：影像质量 ······························ 102
项目一：系统性能校验 ································· 103
　　任务一：底片黑度测量 ··························· 103
　　任务二：像质计指数识别 ························· 104
　　任务三：胶片灰雾度和胶片处理性能测试 ··········· 105
项目二：射线检测操作 ································· 105
　　任务一：透照 ··································· 105
　　任务二：暗室处理 ······························ 107
项目三：底片评定和记录 ······························ 110
　　任务一：底片评定的主要工作及要求 ··············· 110
　　任务二：底片评定步骤及影响因素 ················· 111
　　任务三：记录 ··································· 113
　　任务四：射线防护 ······························ 114

模块六　涡流检测 ································· 117
知识准备（1）：涡流检测的物理基础 ····················· 117
　　知识点一：涡流检测技术应用范围 ················· 117
　　知识点二：涡流检测的原理 ······················· 118
知识准备（2）：涡流检测技术和参数 ····················· 121
　　知识点一：涡流检测技术的分类 ··················· 121
　　知识点二：涡流检测的主要技术参数 ··············· 123
知识准备（3）：涡流检测器材 ·························· 124

  知识点一：涡流检测仪器 ……………………………………………………………… 124
  知识点二：涡流检测线圈 ……………………………………………………………… 125
  知识点三：涡流检测仪器、探头的连接 ……………………………………………… 126
  知识点四：涡流检测试块 ……………………………………………………………… 127
 任务：涡流检测 …………………………………………………………………………… 128
  任务一：检测前的准备 ………………………………………………………………… 128
  任务二：检测条件的选择 ……………………………………………………………… 129
  任务三：性能校验和检查 ……………………………………………………………… 130
  任务四：检测操作 ……………………………………………………………………… 131
  任务五：记录填写 ……………………………………………………………………… 132
  任务六：对某工件的涡流检测 ………………………………………………………… 132

模块七 目视检测 ……………………………………………………………………… 134
 知识准备（1）：检测原理 ………………………………………………………………… 134
  知识点一：光和光线 …………………………………………………………………… 134
  知识点二：光的反射和折射 …………………………………………………………… 134
  知识点三：照明方向和观察方向 ……………………………………………………… 136
  知识点四：视力 ………………………………………………………………………… 137
 知识准备（2）：设备、器材 ……………………………………………………………… 138
  知识点一：一般目视检测的技术装备 ………………………………………………… 138
  知识点二：专业目视检测的技术装备 ………………………………………………… 139
 任务：目视检测 …………………………………………………………………………… 142
  任务一：目视检测操作 ………………………………………………………………… 142
  任务二：目视检测记录 ………………………………………………………………… 142

参考文献 …………………………………………………………………………………… 143

模块一

职业道德与职业守则

知识目标：
1) 旨在通过学习使员工树立正确的职业理想和职业道德。
2) 掌握职业道德基本规范，以及职业道德行为养成的途径，陶冶高尚的职业道德情操。
3) 形成忠于企业、热爱企业等符合时代要求的观念。
4) 增强自身素质、提高爱岗敬业的自觉性。

能力目标：
1) 指导员工提高职业道德实践能力，形成良好的职业道德和严谨求实的精益精神。
2) 会依据社会发展、职业需求和个人特点进行职业生涯设计的方法。
3) 能树立正确的职业理想，养成适应职业要求的行为习惯和提高全面素质的自觉性。

项目一：职业道德基本知识

1. 职业的含义

职业是参加社会分工，利用专门的知识和技能，为社会创造物质财富和精神财富，获得一定的报酬，并且将其作为生活来源和满足精神需求的工作。

职业的含义：

第一，与社会的需求和职业结构相关，强调社会的分工。

第二，与职业的内在属性相关，强调利用专门的知识和技能。

第三，与社会的发展相关，强调创造物质财富和精神财富，获得一定的报酬。

第四，与个人的生活相关，强调生活来源和满足精神需求。

2. 无损检测员职业概述

（1）无损检测员定义　无损检测员是指在不破坏检测对象的前提下，应用射线、超声波、磁粉、渗透、涡流及目视等技术手段和专用仪器设备，对材料、构件、零部件的内部及表面缺陷进行检测和测量的人员。

（2）无损检测职业技能等级　职业技能等级是指通过对职业的分析与评价，根据职范围的宽窄、职业技术复杂程度的高低及从业者掌握职业技能所需培训时间的长短，合理设定的职业技能等级结构。职业技能等级是职业技术复杂程度的客观反映。

轨道交通装备无损检测职业技能等级分为三个等级：初级、中级、高级，三个级别依次递进，高级别涵盖低级别职业技能要求。

（3）无损检测人员基本文化程度及职业能力要求　对无损检测人员的文化程度的最低要求是高中毕业（或同等学历），同时，应具有的职业能力有：动作协调，较强的学习能力、计算能力和判断能力，矫正视力1.0以上，且无色盲。

3. 职业道德的基本概念

职业道德是规范约束从业人员职业活动的行为准则。加强职业道德建设是推动社会主义物质文明和精神文明建设的需要，是促进行业、企业生存和发展的需要，也是提高从业人员素质的需要。掌握职业道德基本知识，树立职业道德观念是对每一个从业人员最基本的要求。职业道德是社会道德在职业活动中的具体化。

（1）道德与职业道德　道德就是一定社会、一定阶级向人们提出的处理人与人之间、个人与社会之间、个人与自然之间各种关系的一种特殊行为规范。道德是做人的根本。道德是一个庞大的体系，而职业道德是这个体系中的一个重要部分，它是社会分工发展到一定阶段的产物。所谓职业道德，是指从事一定职业劳动的人们，在特定的工作和劳动中以其内心信念和特殊社会手段来维持的，以善恶进行评价的心理意识、行为原则和行为规范的总和，它是人们在从事职业的过程中形成的一种内在的、非强制性的约束机制。职业道德的内容包括职业道德意识、职业道德行为规范和职业守则。职业道德是社会道德在职业行为和职业关系中的具体体现，是整个社会道德的重要组成部分。

（2）职业道德的特征　职业道德的特征有以下三个方面。

1）范围上的局限性。任何职业道德的适应范围都不是普遍的，而是特定的。一方面，它主要适用于走上社会岗位的成年人；另一方面，虽然职业道德有一些共同性的要求，但某一特定行业的职业道德也只适用于专门从事本职业的人员。

2）内容上的稳定性和连续性。由于职业分工有其相对的稳定性，因此与其相适应的无损检测员的职业道德也就有较强的稳定性和连续性。

3）形式上的多样性。因行业而异，一般来说，有多少种不同的行业，就有多少种不同的职业道德。

4. 职业道德的社会作用

（1）职业道德与企业的发展

1）职业道德是企业文化的重要组成部分。职工是企业的主体，企业文化必须以企业职工为中介，借助职工的生产、经营和服务行为来实现。

2）职业道德是增强企业凝聚力的手段。职业道德是协调职工与同事之间、职工与领导之间以及职工与企业之间关系的法宝。

3）职业道德可以提高企业的竞争力。职业道德有利于企业提高产品和服务的质量；有利于降低产品成本，提高劳动生产率和经济效益；有利于企业的技术进步；有利于企业摆脱困难，实现企业阶段性的发展目标；有利于企业树立良好形象，创造优质品牌。

（2）职业道德与人自身的发展

1）职业道德是事业成功的保证。没有职业道德的人干不好任何工作，每一个成功的人都具备较高的职业道德。

2）职业道德是人格的一面镜子。人的职业道德品质反映着人的整体道德素质，职业道德的提高有利于人们思想道德素质的全面提高，提高职业道德水平是人格升华的重要途径。

5. 社会主义职业道德

职业道德是社会主义道德体系的重要组成部分。由于每个职业都与国家、人民的利益密切相关，每个工作岗位、每一次职业行为，都包含着如何处理个人与集体、个人与国家利益的关系问题。因此，职业道德是社会主义道德体系的重要组成部分。职业道德的实质内容是树立全新的社会主义劳动态度，即在社会主义市场经济条件下，约束从业人员的行为，鼓励其通过诚实的劳动，改善自己生活，增加社会财富，促进国家建设。劳动无疑是个人谋生的手段，也是为社会服务的途径。劳动的双重含义决定了从业人员要有全新的劳动态度和职业道德观念。社会主义职业道德的基本规范为：爱岗敬业，忠于职守；诚实守信，办事公道；遵纪守法，廉洁奉公；服务群众，奉献社会。

（1）爱岗敬业，忠于职守　任何一种道德都是从一定的社会责任出发，在个人履行对社会责任的过程中培养相应的社会责任感，从长期的良好行为和规范中建立起个人的道德。因此，职业道德首先要从爱岗敬业、忠于职守的职业行为规范开始。

爱岗敬业是对从业人员工作态度的首要要求。爱岗就是热爱本职工作，敬业就是以一种严肃认真的态度对待工作，工作勤奋努力，精益求精，尽心尽力，尽职尽责。

爱岗与敬业是紧密相连的，不爱岗很难做到敬业，不敬业更谈不上爱岗。如果工作不认真，能混就混，爱岗就会成为一句空话。只有工作责任心强，不辞辛苦，不怕麻烦，精益求精，才是真正的爱岗敬业。

忠于职守，就是要求把自己职业范围内的工作做好，达到工作质量标准和规范要求。如果从业人员都能够做到爱岗敬业、忠于职守，就会有利于促进企业与社会的进步和发展。

（2）诚实守信，办事公道　诚实守信、办事公道是做人的基本道德品质，也是职业道德的基本要求。诚实就是人在社会交往中不讲假话，能够忠于事物的本来面目，不歪曲、篡改事实，不隐瞒自己的观点，不掩饰自己的情感，光明磊落，表里如一。守信就是信守诺言，讲信誉、重信用，忠实履行自己应承担的义务。办事公道是指在利益关系中，正确处理好国家、企业、个人及他人的利益关系，不徇私情，不谋私利。在工作中应处理好集体和个人之间的利益关系，做到个人服从集体，确保个人利益和集体利益相统一。

信誉是企业在市场经济中赖以生存的重要依据，而良好的产品质量和服务是建立企业信誉的基础。企业的从业人员必须在职业活动中以诚实守信、办事公道的职业态度，为社会创造和提供质量过硬的产品和服务。

（3）遵纪守法，廉洁奉公　任何社会的发展都需要有力的法律、规章制度来维护社会各项活动的正常运行。法律、法规、政策和各种组织制定的规章制度，都是按照事物发展的规律制定出来的，用于约束人们的行为规范。从业人员除了要遵守国家的法律、法规和政策外，还要自觉遵守与职业活动行为相关的制度和纪律，如劳动纪律、安全操作规程、操作程序、工艺文件等，这样才能很好地履行岗位职责，完成本职工作。廉洁奉公强调的是，从业人员公私分明，不损害国家和集体的利益，不利用岗位职权牟取私利。遵纪守法、廉洁奉公，是每个从业人员都应该具备的道德品质。

（4）服务群众，奉献社会　服务群众就是为人民服务。一个从业人员既是别人服务的对象，又是为别人服务的主体。每个人都承担着为他人做出职业服务的职责，要做好服务群众就要做到心中有群众、尊重群众、真心对待群众，做什么事都要想到方便群众。奉献社会是职业道德中的最高境界，同时也是做人的最高境界。奉献社会就是不计个人的名利得失，一心为社会做贡献，是指一种融于一件件具体事情中的高尚人格，就是为社会服务，为他人服务，全心全意为人民服务。从业人员达到了一心为社会做奉献的境界，就与为人民服务的宗旨相吻合了，就必定能做好自己的本职工作。

项目二：无损检测人员职业守则

无损检测人员除了应遵守公共的社会道德以外，还应遵守无损检测人员的职业守则。

1. 遵守法律、法规、标准和相关规定

无损检测人员在职业活动中，不仅应遵守与被检对象直接相关的法律、法规、标准和相关规定，还应遵守环境保护、劳动保护和安全管理等方面的法律、法规、标准和相关规定。如果不遵守相关的法律、法规、标准和相关规定，将会对国家和人民的财产、健康及生命安全造成不必要的损害。例如，射线检测必须遵守国家相关电离辐射安全管理的法规和标准，否则，将会对环境造成破坏，对相关人员的健康造成损害，甚至危害从业人员的生命安全。

2. 爱岗敬业，忠于职守，自觉认真履行各项职责

无损检测人员只有热爱自己的职业和岗位，努力学习专业知识，不断提高自身的职业技能，才能做到恪尽职守，自觉认真地履行赋予自己工作岗位的各项职责。无损检测员从事的工作是无损检测，首先就应该确保被检对象不被损坏。如对自己的工作不够热心，工作中粗心大意，就有可能造成工作失误。例如，在工作过程中，不细心操作检测仪器，就可能损坏仪器，从而造成检测结果的偏差。

3. 诚实守信，不弄虚作假

诚实守信是最基本的社会道德之一。作为一个无损检测人员，检测结果是否可靠，可能会关系到人民的生命及财产安全，因此，无损检测人员必须做到诚实守信，不弄虚作假，对人民的生命和财产负责。无损检测工作对确保产品的安全使用起到非常重要的作用，如果检测结论不真实，会给产品的安全运行带来严重的隐患，一旦发生事故，轻则造成产品报废，重则造成人员伤亡和环境破坏，从而给国家造成重大损失。

4. 工作认真负责，具有高度的责任心

从事无损检测工作的人员必须具有高度的责任感，明确自己肩负的责任，认真负责地做好各项工作。只有这样，才能确保检测结果的正确性和可靠性。无损检测人员必须牢记检测结果的正确性和可靠性是多么的重要，这也是无损检测人员的使命所在。如果无损检测员工作不认真负责，造成检测结果不准确或不可靠，就会造成不必要的浪费，或者留下严重的事故隐患。

5. 严格执行无损检测工艺和操作程序，保证检测质量

认真学习相关的无损检测工艺和操作程序，严格按照规定的工艺参数和操作步骤进行检测，确保检测质量符合相应的质量控制要求。只有严格执行无损检测工艺和操作程序，才能得到正确可靠的检测结果，否则，得到的检测结果有可能是不正确的。例如，超声波检测灵敏度的调整，如果灵敏度过高，反射杂波增多，将无法区分哪些是缺陷反射波，哪些是杂波，甚至将杂波误判为缺陷波；如果灵敏度过低，将会造成缺陷漏检。

6. 重视安全，保持工作环境清洁有序，坚持文明生产

只有坚持文明生产，高度重视安全的重要性，才能确保做到不伤害别人，不伤害自己和自己不被别人伤害。保持工作环境的清洁有序，使自己工作在一个整洁的环境中，既可以提供安全保障，又能使自己身心愉快，还能对检测设备起到较好的保护作用，从而为保证检测工作的质量提供一个基本的保障。如果在检测过程中，不重视安全问题，将会造成被检对象的损坏，甚至给自己或别人造成伤害。

项目三：无损检测认知

1. 什么是无损检测

无损检测指在检测被检对象的同时，不影响或不损害其使用性能、不伤害其内部组织的一种技术，人称工业医生。其原理为利用材料结构组织异常或缺陷存在引起的热、声、光、电、磁等反应的变化，以物理或化学方法为手段，借助现代化的技术和设备器材，对试件内部及表面的结构、状态及缺陷的类型、数量、形状、性质、位置、尺寸、分布及其变化进行有效的检查和测试。目前，在我国现代化工业突飞猛进的过程中，无损检测技术在轨道交通、航空航天、船舶制造、国防科技领域获得广泛应用，成为控制产品质量、保证设备安全运行的重要技术支撑，对于改进产品质量，保证材料、零件和产品的可靠性，保障设备的安全运行以及提高生产效率、降低成本等都起着重要的作用，是发展现代工业和科学技术必不可少的重要技术手段，也是进行全面"质量管理"的重要环节，在一定程度上直接反映了我国的工业发展水平。

其中，在轨道交通领域，随着时速350km跨海高铁的快速建设、时速600km高速磁悬浮列车的研制成功，在我国高速铁路的飞速发展同时，运行安全亦得到了人们的高度重视。无损检测技术作为一门综合性技术，现已广泛应用于机车车辆的车轴、车轮、滚动轴承、转向架侧架、摇枕等关键零部件的加工生产、质量改进、修理维护过程中，对于保障轨道车辆的安全运行起着至关重要的作用。

在无损检测技术的应用中，其中主要方法包括：射线检测（RT）、超声波检测（UT）、磁粉检测（MT）、渗透检测（PT）和涡流检测（ET）五种，其他无损检测方法有声发射检测（AE）、热像/红外（TIR）、泄漏试验（LT）、交流场测量技术（ACFMT）、漏磁检测（MFL）、远场测试检测方法（RFT）、超声波衍射时差法（TOFD）等。针对不同的行业，相关人员必须进行应用方法的系统培训，取得相应证书才得上岗。在具体应用过程中，针对检测对象需要配备专业的检验/检测人员、选择最佳的检测方法/技术、制定严格的检测工艺对产品实施检测。

2. 无损检测特点

无损检测作为工业发展中必不可少的有效工具，其主要特点是：非破坏性、互容性、动态性、严格性以及检测结果的分歧性等。

（1）非破坏性　与拉伸、压缩、弯曲、金相等破坏性检测技术不同，无损检测技术在获得检测结果的同时，剔除不合格品外，检测过程不会损坏试件，因此，检测规模不受零件多少的限制，既可抽样检测，又可在必要时采用普检，因而更具有灵活性（普检、抽检均可）和可靠性。在实践工程应用中，破坏性测试用于使用原材料的制造，成品以及耗材，除非它们不准备继续使用，否则将无法执行破坏性测试，而非破坏性测试不会损害被测物体的性能，因此，它不仅可以检查原材料制造的整个过程，中间过程环节以及最终产品，还可以检查使用中的设备。可以说，通过无损检测，许多行业产品的使用寿命大大提高，性能也得到了提高。

（2）互容性　即指检测方法的互容性，对于同一零件可同时或依次采用不同的检测方法，而且针对相同工件又可重复地进行同一种检测。例如，在轨道车辆齿轮传动系统的在役检修维护过程中，可对齿轮采用渗透、磁粉、涡流等多种方法进行检测，对比分析各种无损检测方法对齿轮传送系统在役检测的合适程度，选择适用的一种或者多种无损检测方法组合，满足齿轮的检测需求，优化检测工艺，提高检测效率。

（3）动态性　无损检测可对使用中的设备进行经常性、定期性或者实时检测（称为在役检测）。因此无损检测技术能及时发现影响设备继续安全运行或使用的隐患，防止事故的发生。例如，疲劳裂纹、产品中原有的微小缺陷等，此类缺陷在使用过程中容易扩展成为危险性缺陷，特别是重要的大型设备，采用无损检测技术对其进行在役检测，不仅能尽早发现或者确认危害设备安全运行的隐患，而且能确定缺陷类型、尺寸、位置、形状或取向等，根据断裂力学理论和损伤容限设计、耐久性等对设备构件状态、能否继续使用、安全使用的极限寿命或者剩余寿命做出评估和判断。因此无损检测技术不仅是产品设计制造过程和最终成品静态质量控制的重要手段，而且几乎是保障产品安全使用与运行的动态质量控制的唯一手段。

（4）严格性　指无损检测技术的严格性，首先无损检测需要专用仪器、设备，同时也需要专门训练的检测人员，按照严格的规程和标准进行操作。应用无损检测技术，相关的雇主或责任单位应对无损检测人员、无损检测设施和无损检测档案进行有效管理。相关人员应按照标准规定进行资格鉴定与认证，并取得相应的证书，经认证的无损检测人员按Ⅰ、Ⅱ、Ⅲ三个等级从事相应的工作，此外还应得到雇主或责任单位的授权，涉及到特定目的的无损检测人员，还应按相关的法规或者标准要求进行附加认证。无损检测设备和器材的制造商应按相应的标准组织生产和提供服务。

检测结果的分歧性：不同的检测人员对同一试件进行检测时，其检测结果主要受三个方面因素的影响：

1）检测人员的技术水平、操作技能、知识水准等。

2）检测人员对工作的责任心。

3）检测人员在操作期间的心理和生理状况，因此检测结果可能会产生分歧，故同一检测项目往往要由两个及以上检测人员来完成，针对不同的检测结果需要"会诊"，确保检测结果的可靠性与准确性。

3. 无损检测方法及应用

经过数十年的不断发展，无损检测技术种类方法众多，根据美国国家宇航局调研分析，认为可分为六大种类约70余种，在各领域的实际应用中，比较常见的有超声波检测技术（UT）、射线检测技术（RT）、渗透检测技术（PT）、磁粉检测技术（MT）、涡流检测技术（ET）。

（1）超声波检测技术　超声波检测技术是利用材料本身或内部缺陷的声学性质的变化对超声波传播产生一定的影响，通过对超声波受影响程度和状况的监测分析，来非破坏性探测材料内部和表面的缺陷（如裂纹、气孔、夹渣等）的大小、形状和分布状况以及测定材料性质的一种主要的无损检测技术方法。超声波检测主要应用于对金属板材、管材和棒材，铸件、锻件和焊缝以及桥梁、房屋建筑等混泥土构件的检测。

与其他无损检测方法如射线、电磁波、光波等相比，超声波检测最大的特点是穿透力强，几乎可以在任何物体中传播，同时，超声波检测还具有灵敏度高、检测速度快、成本低、设备轻巧便于携带、可实现自动化和对人体无害等一系列优点，在铁路、航空航天、电力、石油化工、机械、特种设备等众多领域被广泛应用，已然成为保证产品质量、保障设备设施安全运行、节约能源、降低成本的一种重要手段，也是目前国内外应用最广泛、使用频率最高且发展较快的一种无损检测技术。

(2) 射线检测技术　射线检测，本质上是利用电磁波或者电磁辐射（X射线和γ射线）的能量进行检测的技术。射线在穿透物体过程中会与物质发生相互作用，如果被透照物体（工件）的局部存在缺陷，且构成缺陷的物质的衰减系数又不同于试件（例如，在焊缝中，气孔缺陷里面的空气衰减系数远远低于钢的衰减系数），该局部区域的透过射线强度就会与周围产生差异。把胶片放在适当位置使其在透过射线的作用下感光，经过暗室处理后得到底片。由于缺陷部位和完好部位的透射射线强度不同，底片上相应部位会出现黑度差异。射线检测员通过对底片的观察，根据其黑度的差异，便能识别缺陷的位置和性质。

射线检测在工业上有着非常广泛的应用，不仅可用于金属材料（黑色金属和有色金属）检测，也可用于非金属材料和复合材料的检测，特别是它还可以用于放射性材料的检测。检测技术对被检工件或试件的表面和结构没有特殊要求，所以它可以应用于各种产品的检测，应用于各种缺陷的检测。在工业中，应用最广泛的是铸件和焊件的检测。其对于体积型缺陷敏感，检测面状缺陷时则必须考虑射线束的方向，当射线束与缺陷平面的夹角较大时，容易发生漏检，特别是对于开裂较小的裂纹类缺陷。目前，射线检测技术广泛地应用于铁道、机械、兵器、造船、电子、核工业、航空、航天等各工业领域，在某些问题中（例如，电子元器件的装配质量、复杂的金属与非金属结构质量等），它是目前唯一可行的检测技术。由于射线对人体不利，辐射防护问题是射线检测技术应用中必须要考虑的问题。必须严格防止发生辐射事故。

(3) 渗透检测技术　渗透检测为工件表面被施涂含有荧光染料或者着色染料的渗透剂后，在毛细作用下，经过一定时间，渗透剂可以渗入表面开口缺陷中；去除工件表面多余的渗透剂，经过干燥后，再在工件表面施涂吸附介质——显像剂；同样在毛细作用下，显像剂将吸引缺陷中的渗透剂，即渗透剂回渗到显像中；在一定的光源下（黑光或白光），缺陷处的渗透剂痕迹被显示（黄绿色荧光或鲜艳红色），从而探测出缺陷的形貌及分布状态。

渗透检测是一种表面缺陷的无损检测方法。由于渗透检测不受材料种类、工件大小、形状限制，除多孔性材料外，可一次性检查钢铁、有色金属、陶瓷、塑料等几乎所有固体材料的表面开口缺陷，加之无需复杂设备、操作简单、成本低、灵敏度高，特别适合野外现场无电无水的情况下检测，被广泛应用于各种金属铸件、锻件和焊件的检测。同时，这种技术受产品表面质量影响大，无法检测内部缺陷，人为操作因素影响较多，检测结果重复性差，而且所用的试剂材料对环境有污染，有一定的毒性。

(4) 磁粉检测技术　磁粉检测技术是工业部门应用较早和较广的一种无损检测手段。主要用来发现铁磁性材料表面和近表面的各种缺陷。铁磁性材料被磁化后，在表面和近表面的缺陷处磁力线发生变形，逸出工件表面并形成可检测的漏磁场。此时，在工件表面上撒上磁粉或浇上磁悬液，磁粉粒子便会吸附在缺陷区域，显示出缺陷的位置、形状和大小。

磁粉检测主要用于检测铁磁性材料和工件（包括铁、镍、钴等）表面或近表面的裂纹以及其他缺陷（如发纹、气孔、夹杂、疏松、折叠、未焊透等）。由于趋肤效应，磁粉检测对表面缺陷最灵敏，但对表面以下的缺陷，其检测灵敏度随埋藏深度的增加迅速下降。采用磁粉检测方法检测磁性材料的表面缺陷，不仅比采用超声波或射线检测的灵敏度高，而且操作简便、结果可靠、价格便宜。因此它被广泛用于磁性材料表面和近表面缺陷的检测。对于非磁性材料，如有色金属、奥氏体不锈钢、非金属材料等则不能采用磁粉检测方法。但当铁磁性材料的非磁性涂层厚度不超过 $50\mu m$ 时，对磁粉检测的灵敏度影响很小。

（5）涡流检测技术　将通有交流电的线圈置于待测的金属板上或套在待测的金属管外。这时线圈内及其附近将产生交变磁场，使试件中产生呈旋涡状的感应交变电流，称为涡流。涡流的分布和大小，除与线圈的形状和尺寸、交流电流的大小和频率等有关外，还取决于试件的电导率、磁导率、形状和尺寸、与线圈的距离以及表面有无裂纹缺陷等。因而，在保持其他因素相对不变的条件下，用一探测线圈测量涡流所引起的磁场变化，可推知试件中涡流的大小和相位变化，进而获得有关电导率、缺陷、材质状况和其他物理量（如形状、尺寸等）的变化或缺陷存在等信息。

涡流检测广泛用于军工、航空、铁路、工矿企业，可在野外或现场使用，可对各类有色金属和黑色金属的管、棒、线、丝、型材实现在线和离线检测。对金属管、棒、线、丝、型材的缺陷，如表面裂纹、暗缝、夹渣和开口裂纹等缺陷均具有较高的检测灵敏度，可进行涂层厚度测量，其厚度误差 $\pm 0.05mm$，检测过程中可实现自动检测和记录，实现自动化和计算机的数据处理。具有可实现在役检测、方便快捷、高效经济的特点。

模块二

磁粉检测

知识目标：
掌握磁粉检测基础理论知识，了解磁粉检测设备器材常识。

能力目标：
能根据工艺文件的要求，调整无损检测设备并验证其性能，能独立执行检测操作，记录和分类检测结果。

任务描述：
完成磁粉检测系统性能校验并实施检测。

知识准备（1）：基础物理知识

知识点一：磁学基本概念

1. 磁场

磁体与磁体之间、磁体与铁磁性物体之间，即便是不直接接触也有磁力作用，这是由于磁体周围存在着磁场，磁体间的相互作用是通过磁场来实现的。磁场是磁体或通电导体周围具有磁力作用的空间。磁场存在于磁体或通电导体的内部和周围，导体表面的磁场最大。一般用磁力线、磁感应线、磁场强度、磁感应强度和磁通量来表示磁场的方向和大小。

2. 磁力线与磁感应线

为了形象地描述磁场的大小、方向和分布情况，可以在磁场范围内借助小磁针描述条形磁铁的磁场分布，画出许多条假想的连续曲线，称为磁力线或者磁感应线。在真空中称为磁力线，在磁介质中称为磁感应线，如图2-1所示。

磁力线具有以下特性：

1）磁力线是具有方向性的闭合曲线，在磁体内，磁力线是由S极到N极，在磁体外，磁力线是由N极出发，穿过空气进入S极的闭合曲线。

2）磁力线互不相交。

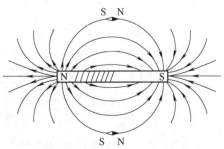

图 2-1 条形磁铁的磁力线分布

3）磁力线可描述磁场的大小和方向。
4）磁力线沿磁阻最小路径通过。

3. 磁场强度

表征磁场大小和方向的物理量称为磁场强度。磁场强度用符号 H 来表示，在 SI 单位制中，磁场强度的单位是安培/米（A/m），在 CGS 单位制中，磁场强度的单位是奥斯特（Oe），其换算关系为

$$1\text{A/m} = 4\pi \times 10^{-3}\text{Oe} \approx 0.0125\text{Oe}$$

$$1\text{Oe} = \frac{10^3}{4\pi} \approx 80\text{A/m}$$

为了形象地表示出磁场中 H 矢量的分布，常用磁力线来表示。磁力线上任一点的切线方向和该点 H 矢量的方向相同，磁力线的疏密程度代表 H 矢量的大小，磁力线越密，表示 H 越大，磁力线越疏，表示 H 越小。

4. 磁感应强度

将原来不具有磁性的铁磁性材料放入外加磁场内磁化，除了原来的外加磁场外，在磁化状态下铁磁性材料自身还产生一个感应磁场，这两个磁场叠加起来的总磁场，称为磁感应强度，用符号 B 表示。磁感应强度和磁场强度一样，具有大小和方向，可以用磁感应线表示。通常把铁磁性材料中的磁力线称为磁感应线。在 SI 单位制中，磁感应强度的单位是特斯拉（T），在 CGS 单位制中，磁感应强度的单位是高斯（GS），其换算关系为

$$1\text{T} = 10^4 \text{Gs}$$

$$1\text{Gs} = 10^{-4} \text{T}$$

地球磁场的数量级大约是 10^{-4}T，严格地讲，地球表面的磁场在赤道处的强度为 0.3×10^{-4}T，在两极处的强度为 0.6×10^{-4}T，大型的电磁铁能激发出约为 2T 的恒定磁场，超导磁体能激发出高达 25T 的磁场。

磁场强度与磁感应强度相同点与不同点：

相同点：矢量、都有方向和大小，可用磁力线来表示；
　　　　都是描述磁场的物理量。

不同点：H 由导体中的电流或永磁体产生，与磁化物质无关；
　　　　B 不仅与 H 有关，还与被磁化的物质有关。

5. 磁通量

在磁场中，垂直通过一给定截面（或曲面）的磁力线的条数，称为通过该截面（或曲面）的磁通量，用 Φ 表示，如图 2-2 所示。

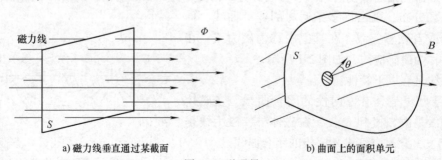

a）磁力线垂直通过某截面　　　　b）曲面上的面积单元

图 2-2　磁通量

在 SI 单位制中，磁通量的单位是韦伯（Wb），在 CGS 单位制中，磁通量的单位是麦克斯韦（Mx），1 麦克斯韦表示通过 1 根磁力线，两者间换算关系为

$$1\text{Wb} = 10^8 \text{Mx}$$

6. 磁导率

磁感应强度 B 与磁场强度 H 的比值称为磁导率，或称为绝对磁导率，用符号 μ 表示，$B = \mu H$。磁导率表示材料被磁化的难易程度，它反映了材料的导磁能力。在 SI 单位制中磁导率的单位是亨利/米（H/m）。磁导率 μ 不是常数，而是随磁场大小不同而改变的变量，有最大值和最小值。

在真空中，磁导率是一个不变的恒定值，用 μ_0 表示，称为真空磁导率，$\mu_0 = 4\pi \times 10^{-7}$ H/m。在 CGS 单位制中，$\mu_0 = 1$。

为了比较各种材料的导磁能力，将任何一种材料的磁导率和真空磁导率的比称为该物质的相对磁导率，用符号 μ_r 表示，μ_r 为一纯数，无单位。

$$\mu_r = \mu/\mu_0 \tag{2-1}$$

表 2-1 为不同材料的相对磁导率。

表 2-1　不同材料的相对磁导率

材料名称	相对磁导率 μ_r
空气	1.0000036
铝	1.000021
硬橡胶	1.000014
奥氏体钢（不含 δ 铁素体）	1.001～1.1
奥氏体钢（含 5% δ 铁素体）	约 1.3
铜	0.999993
铅	0.999847
玻璃	0.99999
工业纯铁	5000
铸铁	350～1400
铁钴合金	2000～6000
铁镍合金	15000～300000

7. 磁介质

能影响磁场的物质称为磁介质。各种宏观物质对磁场都有不同程度的影响，因此一般都是磁介质。

磁介质分为顺磁性材料（顺磁质）、抗磁性材料（抗磁质）和铁磁性材料（铁磁质），抗磁性材料又叫逆磁性材料。

顺磁性材料——相对磁导率 μ_r 略大于 1，在外加磁场中呈现微弱磁性，并产生与外加磁场同方向的附加磁场，顺磁性材料如铝、铬、锰，能被磁体轻微吸引。

抗磁性材料——相对磁导率 μ_r 略小于 1，在外加磁场中呈现微弱磁性，并产生与外加磁

场反方向的附加磁场，抗磁性材料如铜、银、金，能被磁体轻微排斥。

铁磁性材料——相对磁导率μ_r远大于1，在外加磁场中呈现很强的磁性，并产生与外加磁场同方向的磁场，铁磁性材料如铁、镍、钴及其合金，能被磁体强烈吸引。

8. 磁化

在铁磁介质中，相邻铁原子中的电子间存在着非常强的交换耦合作用，这个相互作用促使相邻原子中电子磁矩平行排列起来，形成一个自发磁化达到饱和状态的微小区域，这些自发磁化的微小区域，称为磁畴。在没有外加磁场作用时，铁磁性材料内各磁畴的磁矩方向相互抵消，对外不显示磁性，如图2-3a 所示。当把铁磁性材料放到外加磁场中时，磁场就会受到外加磁场的作用，一是使磁畴磁矩转动；二是使畴壁（畴壁是相邻磁畴的分界面）发生位移。最后全部磁畴的磁矩方向转向与外加磁场方向一致，如图2-3b 所示，铁磁性材料被磁化。铁磁性材料被磁化后，就变成磁体，显示出很强的磁性。去掉外加磁场后，磁矩出现局部转动，但仍保留一定的剩余磁性，如图2-3c 所示。

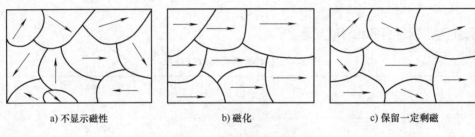

a) 不显示磁性　　　　　　b) 磁化　　　　　　c) 保留一定剩磁

图 2-3　铁磁性材料的磁畴方向

永久磁铁中的磁畴，在一个方向占优势，因此形成 N 极和 S 极，能显示出较强的磁性。

在高温状态下，磁体中的分子热运动会破坏磁畴的有规则排列，使磁体的磁性削弱。超过某温度后，磁体的磁性全部消失而呈现顺磁性，实现了材料的退磁。铁磁性材料在此温度以上不能再被外加磁场磁化，铁磁性材料失去原有磁性的临界温度称为居里点或居里温度。从居里点以上的高温冷却下来时，只要没有外磁场的影响，材料仍然处于退磁状态。

9. 磁化曲线

初始磁化曲线是表征铁磁性材料磁特性的曲线，用以表示 B-H 的关系，如图2-4 所示，它反映了材料磁化程度随外加磁场变化的规律。

10. 磁滞回线

描述磁滞现象的闭合曲线叫磁滞回线。如图2-5 所示，当铁磁性材料在外加磁场强度作用下磁化到1 点后，减小磁场强度到零，磁感应强度并不沿曲线1-0 下降，而是沿曲线1-2 降到2 点，这种磁感应强度变化滞后于磁场强度变化的现象叫磁滞现象，它反映了磁化过程的不可逆性。当磁场强度增大到1 点时，磁感应强度不再增加，得到的0-1 曲线称为初始磁化曲线，当外加磁场强度 H 减小到零时，保留在材料中的磁性，称为剩余磁感应强度，简称剩磁，用 B_r 表示，如图2-5中0-2 和0-5 所示。为了使剩磁减小到零，必须

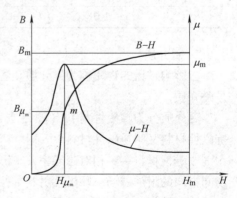

图 2-4　B-H 曲线和 μ-H 曲线

施加反向磁场强度，使剩磁降为零所施加的反向磁场强度称为矫顽力，用 H_c 表示。如图2-5中0-3和0-6所示。

如果反向磁场强度继续增加，材料就呈现与原来方向相反的磁性，同样可达到饱和点 m'。当 H 从负值减小到零时，材料具有反方向的剩磁 $-B_r$，即0-5。磁场经过零值后再向正方向增加时，为了使 $-B_r$ 减小到零，必须施加反向磁场强度，如图2-5中0-6所示。磁场在正方向继续增加时曲线回到 m 点，完成一个循环，如图2-5中1-2-3-4-5-6-1所示，即材料内的磁感应强度是按照对称于坐标原点的闭合磁化曲线变化的，这条闭合曲线称为磁滞回线。只有交流电才产生这种磁滞回线。

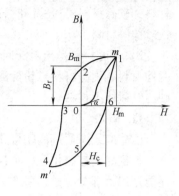

图2-5 磁滞回线

在图2-5中，$\pm B_m$ 为饱和磁感应强度，表示工件在饱和磁场强度 $\pm H_m$ 磁化下 B 达到饱和，不再随 H 的增大而增大，对应的磁畴全部转向与磁场方向一致。α 为初始磁化曲线的切线与 H 轴的夹角、$\alpha = \arctan(B/H)$，α 的大小反映铁磁性材料被磁化的难易程度。

根据上面的阐述，可归纳出铁磁性材料具有以下特性。

1）高导磁性：能在外加磁场中强烈地磁化，产生非常强的附加磁场，它的磁导率很高，相对磁导率可达数百、数千以上。

2）磁饱和性：铁磁性材料由于磁化所产生的附加磁场，不会随外加磁场增加而无限增加，当外加磁场达到一定程度时，全部磁畴的方向都与外加磁场的方向一致，磁感应强度 B 不再增加，呈现磁饱和。

3）磁滞性：当外加磁场的方向发生变化时，磁感应强度的变化滞后于磁场强度的变化。当磁场强度减小到零时，铁磁性材料在磁化时所获得的磁性并不完全消失，而保留了剩磁。

根据铁磁性材料矫顽力的大小可分为软磁材料和硬磁材料两大类。

$H_c \leq 400\text{A/m}$（5Oe）认为是典型的软磁材料，其磁滞回线如图2-6a所示。

$H_c \geq 8000\text{A/m}$（100Oe）认为是典型的硬磁材料，其磁滞回线如图2-6c所示。

一般磁粉检测的铁磁性材料，H_c 在软、硬磁之间，称为半硬磁材料，其磁滞回线如图2-6b所示。

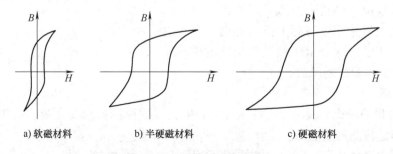

a) 软磁材料　　b) 半硬磁材料　　c) 硬磁材料

图2-6 不同材料的磁滞回线

软磁材料和硬磁材料具有以下特征。

1）软磁材料是指磁滞回线狭长，具有高磁导率、低剩磁、低矫顽力和低磁阻的铁磁性材料，软磁材料磁粉检测时容易磁化，也容易退磁。软磁材料有电工用纯铁、低碳钢和软磁铁氧体等材料。

2）**硬磁材料**是指磁滞回线肥大，具有相对低磁导率、高剩磁、高矫顽力和高磁阻的铁磁性材料。硬磁材料磁粉检测时相对难以磁化，也难以退磁。硬磁材料有铝镍钴、稀土钴和硬磁铁氧体等材料。

11. 磁路

磁感应线所通过的闭合路径叫磁路。

铁磁材料被磁化后，不仅能生产附加磁场，而且还能把绝大部分磁感应线约束在一定的闭合路径上，如图 2-7 所示。

磁路定律：磁通量等于磁动势与磁阻之比。磁力线与电流一样，走磁阻最小的路径。

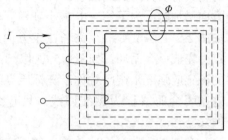

图 2-7　磁路

12. 磁感应线的折射

当磁通量从一种介质进入另一种介质时，它的量不变。但是如果这两种介质的磁导率不同，那么这两种介质中的磁感应强度就会不同，方向也会改变，这称为之为磁感应线的折射，并遵循折射定律：

$$\tan\alpha_1/\tan\alpha_2 = \mu_1/\mu_2 = \mu_{r1}/\mu_{r2}$$

式中　α_1——磁感应线入射角（°）；

　　　α_2——磁感应线折射角（°）；

　　　μ_{r1}——介质 1 中的相对磁导率；

　　　μ_{r2}——介质 2 中的相对磁导率。

磁场强度的切向分量连续，磁感应强度的法向分量连续。

从磁导率特别低的介质（非磁性物质）中进入磁导率特别高的介质（铁磁性物质）中，无论第一介质中的入射角度为多少，第二介质中的磁感应线几乎与界面平行，而且变得密集。

从磁导率特别高的介质（铁磁性物质）中进入磁导率特别低的介质（非磁性物质）中，无论第一介质中的入射角度为多少，第二介质中的磁感线几乎与界面垂直，而且变得稀疏。

当磁感应线由钢铁进入空气，或者由空气进入钢铁，在空气中磁感应线实际上是与界面几乎垂直的，如图 2-8 所示。这是由于钢铁和空气的磁导率相差 $10^2 \sim 10^3$ 的数量级的缘故。

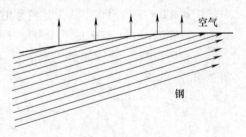

图 2-8　磁感应线由钢进入空气

13. 漏磁场

（1）**漏磁场的形成**　漏磁场是在磁体的缺陷处或磁路的截面变化处，磁感应线离开或进入表面时所形成的磁场。

漏磁场形成的原因是由于空气的磁导率远远低于铁磁性材料的磁导率。如果在磁化了的铁磁性工件上存在着不连续性或裂纹，则磁感应线优先通过磁导率高的工件，这就迫使部分磁感应线从缺陷下面绕过，形成磁感应线的压缩。但是，工件上这部分可容纳的磁感应线数目也是有限的，又由于同性磁感应线相斥，所以，一部分磁感应线从不连续中穿过，另一部分磁感应线遵从折射定律几乎从工件表面垂直地进入空气中，绕过缺陷又折回工件，形成了漏磁场。

（2）缺陷的漏磁场分布　假设缺陷为一矩形，在矩形的中心，水平分量有一极大值，垂直分量为零，离开中心后，水平分量迅速减小，垂直分量达到一极大值后逐渐减小。如图 2-9a 所示为水平分量，图 2-9b 所示为垂直分量，如果将两个分量合成则可得到如图 2-9c 所示的漏磁场。

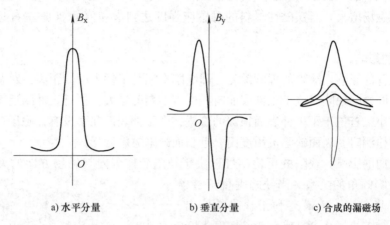

a) 水平分量　　　　b) 垂直分量　　　　c) 合成的漏磁场

图 2-9　缺陷的漏磁场分布

缺陷处产生漏磁场，我们并看不到，所以就必须有显示或检测漏磁场的手段，磁粉检测就是在工件表面施加磁粉或磁悬液，通过磁粉的聚集来显示漏磁场的存在。漏磁场对磁粉的吸引可看成是磁极的作用，磁感应线离开和进入磁性材料的区域形成 N 极和 S 极，如果有磁粉在磁极区通过，则将被磁化，也呈现 N 极和 S 极。这样磁粉的两极就与漏磁场的两极相互作用（同性磁极相斥，异性磁极相吸），磁粉就被吸引到漏磁场区，显示缺陷的形状和大小。由于漏磁场的宽度比缺陷的实际宽度大数倍至数十倍，所以磁痕比实际缺陷宽很多，将缺陷放大，很容易观察出来，如图 2-10 所示。

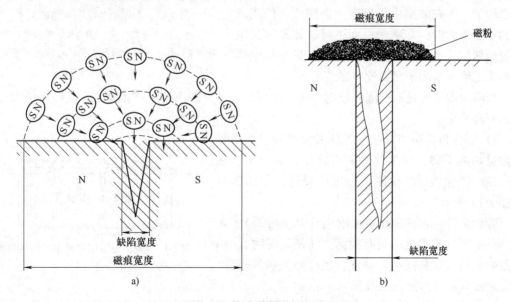

图 2-10　缺陷受漏磁场吸引

（3）影响漏磁场的因素　缺陷处吸引磁粉的多少取决于漏磁场的强弱，漏磁场的强弱与下列因素有关。

1）外加磁场的影响。缺陷的漏磁场大小与工件磁化程度有关，从铁磁性材料的磁化曲线得知，外加磁场大小和方向直接影响磁感应强度的变化。一般来说，外加磁场强度一定要大于 H_{μ_m}，即选择在产生最大磁导率 μ_m 对应的 H_{μ_m} 点右侧的磁场强度值，此时磁导率减小，磁阻增大，漏磁场增大。当铁磁性材料的磁感应强度达到饱和值的 80% 左右时，漏磁场便会迅速增大。

2）缺陷的影响。

第一，位置的影响：缺陷的埋藏深度，即缺陷上端距工件表面的距离，对漏磁场产生有很大的影响。同样的缺陷，位于工件表面时，产生的漏磁场大；位于工件的近表面，产生的漏磁场显著减小；若位于距工件表面很深的位置，则工件表面几乎没有漏磁场存在。

因此，在检测时，表面缺陷灵敏度高，近表面缺陷灵敏度低。

第二，取向的影响：缺陷的可检出性取决于缺陷延伸方向与磁场方向的夹角，图 2-11 为漏磁场与缺陷倾角的关系。当缺陷垂直于磁场方向时，漏磁场最大，也最有利于缺陷的检出，灵敏度最高，随着夹角由 90° 减小，灵敏度下降；当缺陷与磁场方向平行或夹角小于 30° 时，则几乎不产生漏磁场，不能检出缺陷。

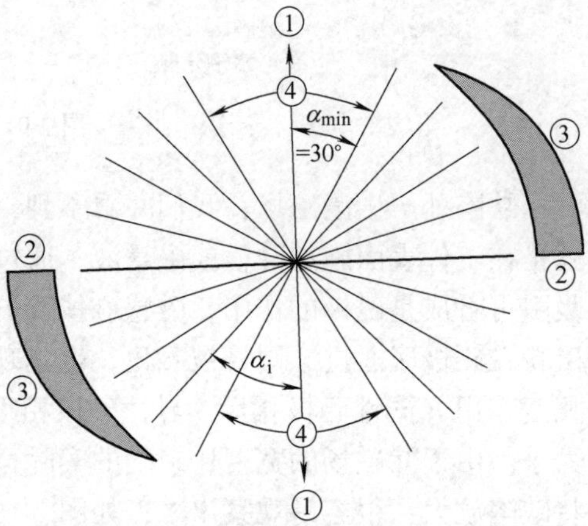

第三，深宽比的影响：同样宽度的表面缺陷，如果深度不同，产生的漏磁场也不同。在一定范围内，漏磁场的增加与缺陷深度的增加几乎呈线性关系；但当深度增大到一定值后，漏磁场的增加变得缓慢下来。

当缺陷的宽度很小时，漏磁场随着宽度的增加而增加，并在缺陷中心形成一条磁痕；但当缺陷的宽度很大时，漏磁场反而下降，如又浅又宽的表面划伤，产生的漏磁场就很小，只在缺陷两侧形成磁痕，缺陷根部则没有磁痕显示。

图 2-11　漏磁场与缺陷倾角的关系
注：①为磁场方向；②为最佳灵敏度；③为灵敏度降低；④为灵敏度不足；α_i 为磁场与缺陷方向夹角；α_{min} 为缺陷最小可检角。

缺陷的深宽比是影响漏磁场的一个重要因素，通常缺陷的深宽比越大，漏磁场越大，缺陷越容易检出。

3）表面覆盖层的影响。工件表面覆盖层极易导致漏磁场的下降，当工件表面有镀层、氧化皮、油污、油漆等覆盖时，检测灵敏度会降低，如图 2-12 和图 2-13 所示。

除此之外，工件表面粗糙度大（光洁度差）、表面凹凸不平（平整度差或有油污、锈斑等污物），均会影响磁粉或磁悬液的流动性，使检测灵敏度下降，甚至造成非缺陷显示、杂乱显示。

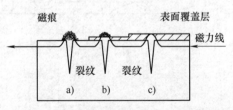

图 2-12　表面覆盖层对磁痕显示的影响

一般要求被检工件表面应没有涂层，但薄而均匀的涂层也可以进行磁粉检测。如果需要电极接触,则必须除掉非导电涂层。

4)工件材料及状态的影响。钢材的磁化曲线是随合金成分特别是碳含量、加工状态及热处理状态而变化的,因此各种材料要达到磁饱和状态所需的磁场强度也是不同的。所以同样的磁场强度下,由于材料的磁特性不同,缺陷处的漏磁场也是不同的。

第一,晶粒大小的影响。

晶粒大,磁导率大,矫顽力小;相反,晶粒小,磁导率小,矫顽力大。

晶粒大,磁畴大,边界少,磁化时磁畴容易转动,所以磁导率大,容易磁化。

第二,碳含量,加入合金元素的影响。

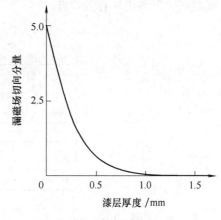

图 2-13 漆层厚度对漏磁场的影响

碳含量增加,H_c 几乎成线性增加,而最大磁导率降低,随着碳含量的增加,钢材逐渐变硬,不容易磁化,也不容易退磁。

加入合金元素也是使材料变硬,H_c 增加,μ_m 下降。

当钢种的热处理状态相同或近似的情况下,随着钢中碳含量和合金组元及其含量的增加,各磁性参数及部分磁特性曲线基本符合如下的变化规律:①最大磁导率 μ_m 下降。②矫顽力增大。③出现最大磁导率所对应的磁场 H_{μ_m} 增大。④最大磁感应强度 B_m 有下降的趋势。⑤磁滞回线变得肥大。

第三,热处理状态的影响。

在化学成分相同的情况下,不同的热处理状态对磁性参数及部分磁特性曲线的影响如下:①退火状态的最大磁导率 μ_m 和最大磁感应强度 B_m 比正火或淬火后回火状态下 μ_m 和 B_m 高,而矫顽力 H_c、最大磁能积 $(HB)_{max}$ 和出现最大磁导率所对应的磁场强度 H_{μ_m} 等参数,其退火状态均较正火状态或淬火后回火状态的相应参数为低。②淬火后随回火温度的升高,各参数及部分磁特性曲线基本符合如下变化规律:

a. 最大磁导率 μ_m 增大。

b. 矫顽力下降。

c. 出现最大磁导率所对应的磁场 H_{μ_m} 减小。

d. 最大磁感应强度 B_m 增大的趋势。

e. 磁滞回线变得狭窄。

第四,冷加工的影响。压缩变形率增加,剩磁增大,矫顽力增大。

知识点二:磁粉检测基本原理

1. 磁粉检测原理

铁磁性材料工件被磁化后,由于不连续性的存在,使工件表面和近表面的磁力线发生局部畸变而产生漏磁场,吸附施加在工件表面的磁粉,在合适的光照下形成目视可见的磁痕,从而显示出不连续性的位置、大小、形状和严重程度,如图 2-14 所示。

磁粉检测时,缺陷应与磁力线方向垂直或成较大的角度(通常≥45°)方能有效检出;如缺陷方向与磁力线方向一致或夹角较小,因其对磁力线的影响不大,往往不能形成足够的漏磁场，导致无法有效检出。

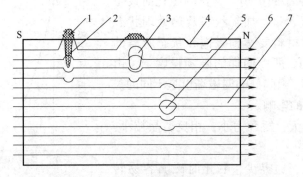

图 2-14　磁粉检测原理
1—漏磁场　2—裂纹　3—近表面气孔　4—划伤
5—内部气孔　6—磁力线　7—工件

2. 磁粉检测原理的物理基础

根据磁粉检测原理（见图 2-14），磁粉检测实现的两个基本前提：一是铁磁性材料工件被足够的外加磁场磁化，以使缺陷部位能够产生足够的漏磁场；二是工件表面施加有合适的磁粉/磁悬液，并在适当的光照条件下能够被人眼识别。

3. 磁粉检测注意事项

1) 只适用于铁磁性工件（如铸铁、铸钢、低合金钢、碳素钢等），不适用于非铁磁性工件。非钢铁工件、奥氏体不锈钢，以及奥氏体不锈钢与铁磁性钢焊接工件，不能进行磁粉检测。

2) 适宜检测工件表面缺陷，对于工件内部缺陷，随其距工件表面深度增加，检测灵敏度不断降低，且近表面缺陷的磁痕显示较为模糊。

3) 磁粉检测工序一般应安排在成品状态下进行，磁粉检测后如还需进行机械加工、打磨、矫正、磨削等处理，在相应工序后应再安排进行磁粉检测，否则机械加工、打磨后将暴露工件内部可能存在的缺陷，以及矫正、磨削等可能产生的缺陷。

4) 受表面涂覆层厚度影响，工件表面一般不得有涂覆层存在，否则影响磁痕形成。如涂覆层致密均匀，其厚度一般不超过 50μm。

知识点三：磁化电流

磁粉检测时，工件需要被磁化，磁化过程一般通过电流来实现，不同的电流在磁化时表现出的特性也不一样。

1. 电流的磁效应

电流通过的导体内部和周围都存在着磁场，这种现象称为电流的磁效应。

当对圆柱导体通电时，产生的磁场是以导体中心轴线为圆心的同心圆，磁场的方向与电流方向有关，其关系可用右手定则确定：用右手握住导体，拇指指向电流方向，其余四指弯曲的方向即为磁场的方向，如图 2-15 所示。

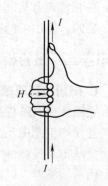

图 2-15　通电导体右手定则

在线圈中通电时，每段导线产生的磁场均满足右手定则，将各段导线产生的磁场叠加，在线圈内将得到与线圈轴线平行的纵向磁场，其方向同样可用右手定则确定：用右手握住线圈，使四指指向电流方向，与四指垂直的拇指所指方向就是线圈内部的磁场方向，如图2-16所示。

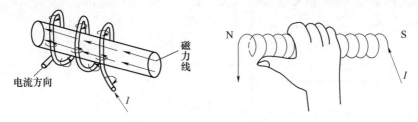

图2-16　通电线圈右手定则

2. 磁化电流类型

磁粉检测采用的磁化电流有交流电、整流电（单相半波整流电、单相全波整流电、三相半波整流电、三相全波整流电）、直流电、冲击电流，其中交流电、三相全波整流电最为常用。磁化电流波形、电流表指示与换算关系见表2-2。

表2-2　磁化电流波形、电流表指示与换算关系

电流类型	波形	电流表指示	换算关系	峰值为100A时电流表读数/A
直流电		平均值	$I_m = I_d$	100
交流电		有效值	$I_m = \sqrt{2}I$	70
单相半波整流电		平均值	$I_m = \pi I_d$	32
		两倍平均值	$I_m = \frac{\pi}{2}I_d$	65
单相全波整流电		平均值	$I_m = \frac{\pi}{2}I_d$	65

(续)

电流类型	波 形	电流表指示	换算关系	峰值为100A时电流表读数/A
三相半波整流电	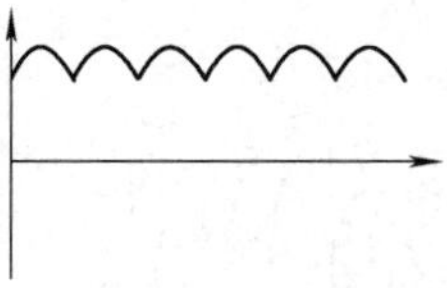	平均值	$I_m = \dfrac{2\pi}{3\sqrt{3}} I_d$	83
三相全波整流电	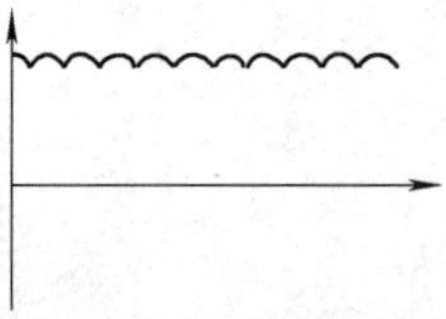	平均值	$I_m = \dfrac{\pi}{3} I_d$	95

知识点四：磁化技术

为发现工件表面的缺陷，需要在工件表面建立与缺陷方向垂直的磁场，根据磁场方向，磁化可分为周向磁化、纵向磁化、多向磁化。

1. 周向磁化

给工件直接通电，通过支杆（触头通电）或通过贯穿空心工件的中心导体、芯棒通电，在工件中建立环绕工件并与工件轴线垂直的周向闭合磁场，以发现与工件轴线平行的纵向缺陷。

采用感应电流磁化工件或在环形件上绕电缆进行磁化，也可在工件中产生周向闭合磁场，故也属于周向磁化。

常见周向磁化技术如图2-17～图2-23所示。

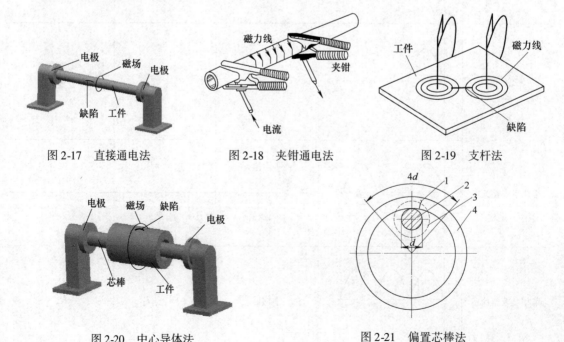

图2-17 直接通电法　　图2-18 夹钳通电法　　图2-19 支杆法

图2-20 中心导体法　　图2-21 偏置芯棒法
1—缺陷　2—芯棒　3—磁力线　4—工件

模块二 磁粉检测

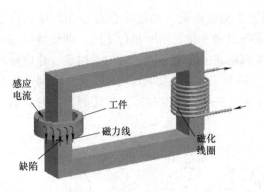

图 2-22 感应电流法

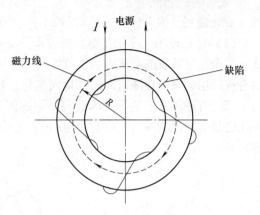

图 2-23 环形件绕电缆法

2. 纵向磁化

将电流通过环绕工件的线圈或电缆，在工件中建立沿工件轴线的纵向平行磁场，以发现与工件轴线垂直的周向缺陷（横向缺陷）。

采用电磁轭或永久磁铁，也可在工件中建立沿工件轴线的纵向磁场，故也属于纵向磁化。

常见纵向磁化技术如图 2-24、图 2-25 所示。

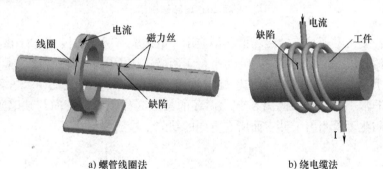

a) 螺管线圈法　　　　　　　　b) 绕电缆法

图 2-24 线圈法

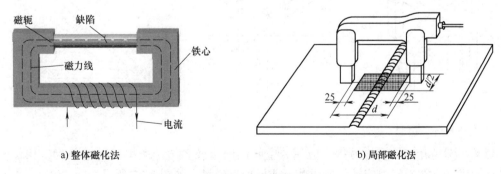

a) 整体磁化法　　　　　　　　b) 局部磁化法

图 2-25 磁轭法

3. 多向磁化

通过多向磁化，在工件中产生大小和方向随时间呈圆形、椭圆形或螺旋形变化的多向磁场（旋转磁场或摆动磁场），以发现工件上所有方向的缺陷。

（1）旋转磁场　在相互垂直的方向上分别进行交流磁化，两磁化方式会在工件表面建立起两个相互垂直的交流磁场，其方向和强度都随时间变化。由于相位不同，两磁场叠加后的合成磁场的方向会随时间的变化而变化。如果两磁场的频率相同，相位差恒定，合成磁场会在两交流磁场决定的平面内旋转，形成圆形或椭圆形磁场，如图 2-26 所示。特别是当两交流磁场的幅度相等、相位差为 90°时，复合磁场会在一个圆内旋转，对任何方向的缺陷检测效果都一样。

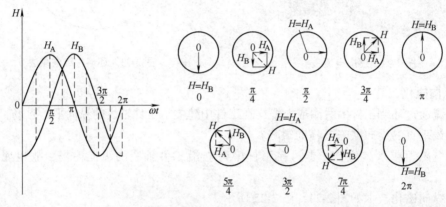

图 2-26　旋转磁场

交叉磁轭：交叉磁轭是旋转磁场的典型应用。电磁轭有两个磁极，进行磁化只能发现与两极连线垂直的和成一定角度的缺陷，对平行于两极连接方向缺陷则不能发现。使用交叉磁轭，如图 2-27 所示，可在工件表面产生旋转磁场。国内外大量实践证明，这种多向磁化技术可以检测出非常小的缺陷，因为在磁化循环的某时刻都使磁场方向与缺陷延伸方向相垂直，所以一次磁化可检测出工件表面所有方向的缺陷，检测效率高。

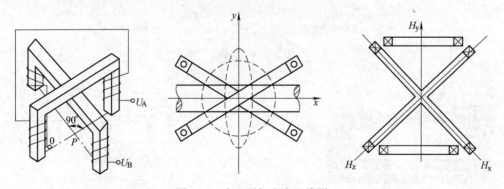

图 2-27　交叉磁轭和交叉线圈

交叉线圈是旋转磁场的另一个应用，空间内两个或者三个频率相同的磁场，相位差恒定，合成磁场会在空间内旋转，形成球形或椭球形磁场，如图 2-27 所示。

（2）摆动磁场　如果在工件某一方向上进行直流（或整流）磁化，另一方向进行交流磁化时，工件表面的两磁场一个为直流（或单向变化）磁场，另一个为交流磁场，复合后的磁场为摆动磁场。复合磁场会在交流磁场的两个正负方向之间摆动，达到对不同趋向缺陷进行检测的目的。特别是当直流磁场和交流磁场相互垂直,且交流磁场的最大值与直流磁场相同时,则可产生摆动角度为90°的摆动磁场,如图2-28所示,磁场最大方向在45°方向上。当交流磁场的最大值大于直流磁场时,磁场最大方向在大于45°的方向上;小于直流磁场时,磁场最大方向则在小于45°的方向上,即合成最大磁场会偏向较强的磁场一侧。

纵向直流磁化和周向交流磁化的复合:工件用直流电磁电进行纵向磁化,并同时用交流通电法进行周向磁化,其原理及特点如图2-29所示,在某一瞬时,工件不同部位的磁场大小和方向并不相同,可用于发现工件上任何方向的缺陷。

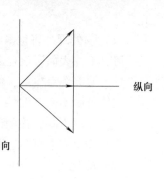

图2-28 摆动磁场

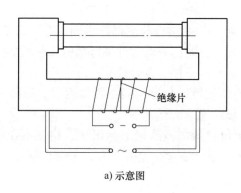

a) 示意图

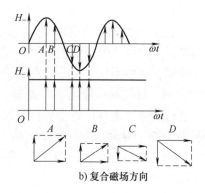

b) 复合磁场方向

图2-29 纵向直流和周向交流的磁化

4. 辅助磁化

例如,将通电导体置于工件受检部位而进行局部磁化,或将工件放置在铜板上,对铜板进行通电,如图2-30所示。辅助磁化仅用于常规磁化方法难以磁化的工件和部位,一般不推荐使用。

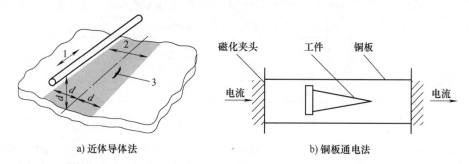

a) 近体导体法　　　　　b) 铜板通电法

图2-30 辅助磁化

注:d为导体到工件表面间距,1为电流;2为有效磁化区域;3为缺陷。

知识点五:检测方法

1. 磁粉检测流程

磁粉检测过程由预处理、磁化工件、施加磁粉或磁悬液、磁痕分析评定、退磁和后处理组成。

（1）预处理 将检测部位外露，露出金属本体。

清除工件表面影响检测的物质，如清理工件表面灰尘、油污、锈垢、毛刺、氧化皮、焊接飞溅、油漆等涂覆层，使用油基磁悬液、非荧光检测时工件表面不得有水分，使用水基磁悬液工件表面不得有油性物质。

非荧光检测时，检测部位表面可喷涂反差增强剂形成白色背景。

检测部位周边有孔、腔时需要封堵避免后续难以清理。

（2）磁化工件 按照确定的磁化方法、磁化设备与磁化规范，对工件进行磁化。

（3）施加磁粉或磁悬液 按照确定的时机施加磁粉或磁悬液（连续法、剩磁法、干法、湿法），保证检测部位有充足的检测介质，但不得影响磁痕形成与保持，也不得形成过度背景影响磁痕观察。

（4）磁痕分析评定 观察检测部位表面磁痕，注意结合检测部位表面状态、加工状态、材质结构等区分磁痕是否由缺陷所致，无法有效区分时，应对工件进行精整或改用别的检测方法进行验证，并根据相关验收标准与验收限值判定工件是否合格。

（5）退磁 磁化后一般均需要退磁，交流电磁轭磁化后一般不需要退磁。退磁后应对工件剩磁进行测量，测量位置应包括可能的磁极位置（如端部等）。

（6）后处理 检测完成后，在产品上规定位置做好检测状态标识（合格、不合格、待处理等），根据要求打检测人员钢印。清理工件表面，必要时防锈处理，并分区摆放。

整理检测设备与检测现场。

2. 磁粉检测方法分类

磁粉检测可根据不同的分类维度进行分类，常用分类维度及类型见表2-3。

表2-3 磁粉检测方法分类

分类维度	类型	特点
磁化、施加磁粉时机	连续法	在磁化工件的同时，施加磁粉或磁悬液
	剩磁法	停止磁化工件后，再施加磁悬液
观察条件	荧光检测	在黑光照射下观察磁痕
	非荧光检测	在白光照射下观察磁痕
磁粉载体	干法检测	以空气为载体使用干磁粉进行检测
	湿法检测	将磁粉悬浮在载液中进行检测

（1）连续法

1）操作程序。预处理→磁化，同时施加磁粉或磁悬液→磁痕分析与评定→退磁→后处理。

2）操作要点。湿法连续法检测时，在磁化前应先用磁悬液充分润湿工件检测部位表面，磁化的同时继续喷淋磁悬液，单次磁化时间一般1~3s，停止喷淋后再磁化1~2次，待磁痕形成后停止磁化，再进行磁痕观察与记录。

干法连续法检测时，对工件磁化后开始喷撒磁粉，工件表面如有多余磁粉影响磁痕观察时应轻轻吹去多余磁粉，待磁痕形成后观察磁痕并记录。

（2）剩磁法

1）操作程序。预处理→磁化→施加磁悬液→磁痕分析与评定→退磁→后处理。

2）操作要点。磁化通电时间较短，通常不超过1s；施加磁悬液时应充分润湿工件表面，但不得产生过度背景；工件磁化后，在检测完毕前不得与铁磁性材料接触，否则将产生磁泻磁痕。

知识点六：磁化规范

磁粉检测磁化工件时，所选的磁化参数应使工件表面产生适当的磁场强度。磁场强度过小，磁痕显示不清晰或不显示；磁场强度过大则易产生过度背景掩盖缺陷磁痕显示，或易产生非相关显示。

磁粉检测磁化规范主要包括磁化电流、磁场强度等。

1. 磁化电流

连续法磁粉检测设备通常采用复合磁化，一般包含周向磁化电流、纵向磁化电流（安匝），磁化电流值一般根据产品尺寸结合检测试验确定。

轴类零部件连续法周向磁化电流一般要求达到工件最大直径 D 的 8～10 倍，即 $(8～10)D$。

2. 磁场强度

磁化时工件表面磁场强度应满足相关检测标准和工艺要求。

1）连续法检测时，焊接产品应达到 2000A/m 以上，一般产品应达到 2400A/m 以上，产品磁场强度有明确规定的，应达到规定值。

2）剩磁法检测时，磁场强度应达到 8000A/m 以上。

知识准备（2）：设备、器材、介质

由于磁粉检测设备、器材的选择与使用，影响检测实施与检测质量，因此应根据检测产品的尺寸、形状、表面状态、检测部位与检测要求，选择合适的检测设备与检测器材。

知识点一：磁粉检测设备

1. 磁粉检测设备命名方法

磁粉探伤机型号一般由四部分组成：

第一部分：C-磁粉探伤机/仪。

第二部分：磁化方式，Z-直流，J-交流，E-交直流两用，B-半波整流，Q-全波整流，D-多种，X-旋转磁场。

第三部分：结构形式，W-固定（卧）式，D-移动式，X-携带式，E-磁轭式。

第四部分：最大磁化电流或产品序号。

例如，CJW-3000 型车轴荧光磁粉探伤机，表示该探伤机为交流固定式磁粉探伤机，最大磁化电流 3000A；CJE-Ⅱ型便携式磁粉探伤仪，表示该探伤仪为交流磁轭式磁粉探伤仪，产品序号为Ⅱ型。

2. 磁粉探伤机

常见的磁粉探伤机一般包括磁化电源、磁化及退磁装置（通电电极/螺管线圈等）、工件夹持装置、磁悬液喷淋回收装置、照明装置、控制与指示装置等部件，并带有暗室结构。

常见的磁粉探伤机采用荧光,湿法,连续法检测方式(复合磁化),也有部分用于高碳钢和合金结构钢的探伤机采用荧光,湿法,剩磁法检测。车轴磁粉探伤机如图 2-31 所示。

(1) 磁化电源　通过变压器将设备输入端的交流电变为低压大电流输出,输出的磁化电流可直接通过工件,也可通过中心导体或通过线圈,实现对工件的磁化。

(2) 磁化及退磁装置　磁化装置通常由周向磁化的通电电极与纵向磁化的螺管线圈组成,部分设备复合磁化通过不同方位的线圈实现,而无通电电极。

螺管线圈也可实现对工件的退磁。

图 2-31　车轴磁粉探伤机

(3) 工件夹持装置　工件两端可伸缩的磁化夹具/电极,可提供通电法磁化电极或导磁通道,需要转动工件的,夹持装置还应能稳定支撑工件旋转。

通电法磁化时,磁化夹具与工件接触位置应带铜条或铜网,以确保接触良好,防止打火烧伤。

(4) 磁悬液喷洒回收装置　磁悬液喷洒回收装置由积液槽、磁悬液箱、搅拌装置及电动泵、软管和喷嘴等组成。回液盘收集喷嘴及工件流下来的磁悬液,通过回收管流入磁悬液箱,磁悬液箱内的磁悬液经电动泵搅拌后,通过软管从喷嘴喷洒到工件表面。

磁悬液箱应便于更换磁悬液与清理槽体。

随着产品磁粉检测对工件表面清洁要求的提高,已有部分磁粉探伤机配置了工件清洗功能,带清洗功能磁悬液喷洒回收装置如图 2-32 所示。

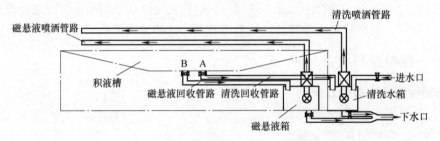

图 2-32　带清洗功能磁悬液喷洒回收装置

(5) 照明装置　磁粉探伤机一般采用荧光检测,带有黑光灯,可分为固定式与手持式,固定式用于规则工件,如车轴观察;手持式用于补充照明以及无固定式照明的设备。

黑光灯发出波长范围为 320～400nm,中心波长为 365nm 的长波紫外线(UV-A 黑光),照射工件表面磁痕处的荧光磁粉,使荧光磁粉发出波长范围为 510～550nm 的黄绿色荧光。

黑光灯应带有滤光片,过滤掉可见光及中波、短波紫外线。

黑光灯刚开启后黑光辐照度不能满足检测要求,一般应开启 5min 后方能进行检测,关闭后应间隔 5min 以上才能重新点燃。

通常距离黑光灯表面 400mm 处黑光辐照度不低于 $1000\mu W/cm^2$。

（6）控制与指示装置　控制装置可控制探伤机各类机械动作与磁化退磁操作，指示装置包括显示磁化电流、安匝与电压大小的仪器以及显示工作状态的指示灯。

（7）暗室　暗室为磁粉检测提供较暗的环境，暗室内环境白光照度一般不得高于20lx，不得漏光。

暗室同时还为磁粉检测提供了相对封闭的检测场所，有助于检测人员专注于检测。

暗室还应带有通风装置以便及时置换暗室内空气。

（8）检测图像采集与屏幕观察装置　磁粉检测磁痕显示通常由检测人员在暗室内探伤机观察位置直接用肉眼观察，检测人员可直接观察工件表面状态，但暗室内观察位置存在漫散射紫外线与挥发的载液，如防护不当对人体存在一定影响。

目前已有部分探伤机采用高清摄像机采集工件表面磁痕显示影像，并传输到暗室外显示屏，检测人员在暗室外高清显示屏处进行磁痕观察，如图2-33所示。

图2-33　磁粉检测视频图像系统

3. 磁粉探伤仪

移动式磁粉探伤仪一般由磁化电源、磁化装置（电极、线圈、磁轭等）组成；便携式磁粉探伤仪主要指电磁轭、交叉磁轭等小型磁粉探伤仪。磁轭探伤仪通常由变压器、磁化线圈与导磁磁轭组成，便携式磁轭探伤仪如图2-34所示。

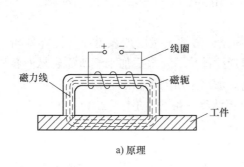

a) 原理　　　　　　　　　　　b) 实物

图2-34　便携式磁轭探伤仪

知识点二：磁粉检测介质

1. 磁粉

磁粉是磁粉检测的核心材料，常用的磁粉类型有干法黑磁粉、罐装黑磁悬液、荧光磁粉。其中干法黑磁粉粒度较大，只能用于干法检测，干法黑磁粉显示的缺陷磁痕较湿法磁粉浓密；罐装黑磁悬液与荧光磁粉粒度较小，用于湿法检测，缺陷磁痕显示更为细致，可发现更小的缺陷。

磁粉可按观察条件与载体分类，见表2-4。

表 2-4　磁粉分类

分类方法	类　　型	成分/特点	用　　途
观察条件	荧光磁粉	磁粉 + 荧光染料	一般只用于湿法
	非荧光磁粉	Fe_3O_4（黑磁粉） $\gamma\text{-}Fe_2O_3$（红褐色磁粉）	干法、湿法通用
		工业纯铁粉 + 粘合剂 + 染料 （白磁粉或其他颜色磁粉）	一般只用于干法
磁粉载体	湿法磁粉	磁粉 + 油或水载液	荧光、非荧光通用
	干法磁粉	磁粉 + 空气	一般用于非荧光检测

2. 磁悬液

磁粉和载液按一定比例混合而成的悬浮液称为磁悬液，磁悬液是湿法磁粉检测的检测介质。

（1）油基荧光磁悬液

1）推荐配置比例。油基载液：1L；荧光磁粉：1~3g/L。

配置好的油基磁悬液其沉淀浓度范围推荐为（0.1~0.7）mL/100mL。

2）配置方法。先取少量油基载液，与称量的荧光磁粉均匀混合，使磁粉全部润湿并搅拌成糊状，然后边搅拌边添加载液，使其充分混合均匀，之后加入剩余载液。

（2）水基荧光磁悬液

1）推荐配置比例。水：1L；分散剂：10mL/L；消泡剂：15mL/L；防锈剂：10mL/L；荧光磁粉：1~3g/L。

配置好的水基磁悬液 pH 值为 7~9（使用 pH 试纸测定），其沉淀浓度范围推荐为（0.1~0.7）mL/100mL。

2）配置方法。先取少量水，加入分散剂充分溶解，然后加入磁粉，搅拌均匀，直至水面上无荧光磁粉漂浮，再加入防锈剂和消泡剂搅拌均匀，最后加水至所需磁悬液容积。

如采用浓缩磁悬液，直接按说明书比例添加水至所需磁悬液容积。

（3）非荧光磁悬液　非荧光磁悬液的沉淀浓度一般为（1.2~2.4）mL/100mL。可使用罐装成品，也可参考荧光磁悬液配置方法自行配置。

3. 反差增强剂

对经过发蓝、磷化处理等表面暗色的工件检测时，一般采用荧光磁粉检测。但在无荧光磁粉检测的条件时，为使缺陷磁痕清晰可见，可在工件磁化前对工件表面均匀涂覆白色薄膜，以提高被检工件与缺陷磁痕的对比度，然后用普通黑磁粉进行检测。

知识点三：辅助器材

1. 标准试片与标准试块

磁粉检测标准试件（试片和试块）是检测时的必备器材，常见的标准试件可分为人工缺陷标准试片，标准试块，自然缺陷试块和专用试块。

（1）标准试片　磁粉检测常用 A1 型标准试片（见图 2-35），以通常使用的 A1-15/50 型试片为例，A1 代表试片由退火电磁软铁制造，磁导率较高，用较小磁场即可磁化；50 代试片厚度为 50μm，15 代表试片人工缺陷槽深度为 15μm。当需要较高的磁场强度时，应选用分数值较小的高灵敏度试片。

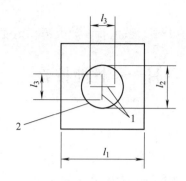

图 2-35　A1 型试片

注：l_1 为试片边长；l_2 为圆形人工槽直径；l_3 为十字人工槽长度；1 为十字人工槽；2 为圆形人工槽。圆形人工槽的圆心和十字人工槽的交点均应在试片的中心。十字人工槽的两直线应成直角相交，并分别与试片的两条边平行。

标准试片使用时应注意：

1) 应在工件各典型部位，特别是难以磁化的部位粘贴灵敏度试片。

2) 试片灵敏度等级应根据检测标准、工艺与要求的磁场强度选用，常用 A1-15/50 试片。

3) 试片线槽面应朝下贴合金属表面。

4) 单向磁化时，与磁场方向垂直的线槽应显示；复合磁化时，各个方向的线槽均应显示。

5) 标准试片只适用于连续法，连续法检测时检测灵敏度几乎不受工件材质影响，仅与工件表面磁场强度有关。

6) 标准试片不适用于剩磁法。

（2）标准试块　常用的标准试块有 Ⅰ 型试块、Ⅱ 型试块、提升力试块。

（3）自然缺陷试块和人工缺陷试块　如果所要检测的产品带有已知的微小自然缺陷，也可用其验证检测系统是否满足要求。自然缺陷试块不是人工特意制造的，而是在生产制造过程中由于某些原因而在工件上形成的。常见的缺陷有裂纹、折叠、非金属夹杂物等，往往根据检测工作的需要进行选择。对带有自然缺陷的试件按规定的磁化方法和磁场强度进行检测，若应该显示的缺陷都能全部清晰显示，则说明系统综合性能符合要求，否则应检查影响显示的原因，并调整有关因素使综合性能符合要求。

自然缺陷试块最符合检测的要求。因为它的材质、状态和外形都与被检测的工件一致，最能代表工件的检测情况。建议对固定的批量检测的工件有目的地选取自然试块。但自然试块仅对专门产品有效，使用时应加以注意。

另外，有时为了检查产品的方便，按照产品的形状和检查要求特地制作专用的人工缺陷试块（如在检查铁路轴承内、外圈及滚子时在产品有关部位加工不同的人工缺陷等），这种试块只能在特殊规定场合下使用，一般只能进行综合性能鉴定，在使用时应予以注意。

2. 辅助仪器

磁粉检测常用的辅助仪器包括磁场强度测试仪、剩磁测试仪、照度计、紫外线辐射照度计、通电时间测量器、快速断电试验器等。磁粉检测时应根据质量控制要求选用相关辅助仪器，对检测过程质量进行监控，确保其满足检测要求。

3. 辅助工具材料

常用的辅助工具材料包括电子天平、沉淀管、放大镜、刻度尺、抹布等。

项目一：性能校验

任务一：磁悬液测试

1. 磁悬液浓度测试

每100mL磁悬液沉淀出磁粉的体积称为磁悬液的体积浓度（mL/100mL）。可采用磁悬液沉淀管测试磁悬液的体积浓度，测试方法如下：

1）充分搅拌磁悬液（如测定罐装磁悬液，应充分晃动罐体），使磁粉悬浮均匀。

2）在磁悬液沉淀管中注入100mL的磁悬液。

3）将沉淀管竖直放置，静置一定时间（水基磁悬液至少30min，油基磁悬液30～60min）。

4）平视沉淀层，读出并记录沉淀管中磁粉的体积，如图2-36所示。

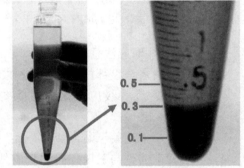

图2-36 磁悬液沉淀浓度测试

2. 磁悬液污染测试

在产品检测过程中，磁悬液载液变质或受外来异物侵入，以及磁粉受剩磁影响或荧光磁粉染料脱落等，都将导致磁悬液污染，进而影响检测质量。可采用磁悬液沉淀管测试磁悬液污染情况，测试方法如下：

1）按磁悬液浓度测试1）～3）步骤操作。

2）在可见光（对荧光磁悬液和非荧光磁悬液）和黑光（对荧光磁悬液）下，观察沉淀管内的沉淀层与上层载液，观察是否存在以下情况：

第一，沉淀层存在分层、夹层，且污染层（磁粉层以上的沉淀层）体积超过下层磁粉层体积的30%。

第二，与未使用过的新配置磁悬液或标准磁悬液比较，磁粉层的荧光亮度或颜色有明显的降低。

第三，荧光磁悬液沉淀层上方浑浊，且浑浊层超过5mL刻度标记。

第四，载液发荧光且荧光亮度明显超过新配置的磁悬液。

第五，荧光磁粉磁悬液呈乳白色或蓝色。

第六，磁悬液结团。

如存在以上情况，则表示磁悬液被污染，需更换新磁悬液。未污染磁悬液与已污染磁悬液对比如图2-37所示。

模块二 磁粉检测

a) 未污染磁悬液

b) 已污染磁悬液

图 2-37 磁悬液对比

3. 磁悬液在役检测

将磁悬液浇淋在Ⅰ型试块或Ⅱ型试块表面，观察试块表面裂纹磁痕显示，如图2-38、图2-39 所示。

Ⅰ型试块磁痕显示应与试块附带的显示照片进行对比，两者显示应一致；Ⅱ型试块磁痕显示应测量其 G、D 侧磁痕显示长度，总长度应满足检测工艺要求（例如，一般应大于 50mm）。

试块磁痕显示不满足要求，则表明磁悬液性能已不满足检测要求，应予更换。

图 2-38　Ⅰ型试块显示　　　　　图 2-39　Ⅱ型试块显示

应根据磁悬液浓度测试情况及时添加磁粉或载液，根据磁悬液污染测试情况与磁悬液在役检测情况，结合磁粉检测工作量、工件表面清洁度、生产环境及季节变化，定期更换磁悬液。

任务二：可见光照度与紫外线辐射照度测试

1. 可见光照度测试

1）打开照度计，置于工作区域工件表面，测量照度值，如图2-40所示。
2）如照度不足 1000lx，采用辅助照明，重新测量工件表面照度值。

a) 照度计检测　　　　b) 照度测试

图 2-40　照度测试

2. 紫外线辐射照度测试

1）将黑光灯朝下放置并开启 5min 以上，灯头距测试台面 400mm，测试台面紫外线辐射照度。

2）将紫外辐射照度计放置在黑光灯下 400mm 处，测量紫外线辐射照度，如图 2-41 所示。

注：对于荧光磁粉探伤机固定式紫外线灯，应测试工件检测观察区域表面的紫外线辐射照度与白光照度。

图 2-41　紫外线辐射照度测试

任务三：提升力、磁场强度与剩磁测试

1. 便携式磁轭探伤仪（交流）提升力测试

1）调节磁轭探伤仪磁极内间距为最大工作间距。

2）将磁极放置于 4.5kg 平板提升力试块中部位置并贴合，使试块重心位于磁极连线中点。

3）开启便携式磁轭探伤仪，待磁极与试块吸附后缓慢平稳向上提升探伤仪，试块能随之提升并保持≥3s 则通过提升力测试，否则未通过测试，如图 2-42 所示。

2. 便携式磁轭探伤仪磁场强度测试

1）调节磁轭探伤仪磁极内间距为最大工作间距。

图 2-42 便携式磁轭探伤仪提升力测试

2) 将磁极放置于 4.5kg 平板提升力试块中部位置（或检测工件表面）并贴合。
3) 将磁场强度测试探头置于磁极连线中心并与试块表面接触，测试方向与连线方向一致。
4) 通电磁化的同时，记录探头处的磁场强度值，如图 2-43 所示。

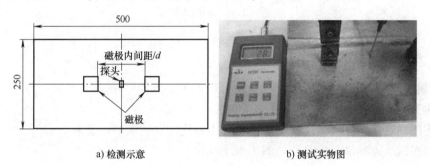

a) 检测示意　　　　　　　　　　b) 测试实物图

图 2-43 便携式磁轭探伤仪磁场强度测试

3. 磁粉探伤机磁场强度测试

1) 将检测工件吊装至磁粉探伤机磁化工作位置并夹持。
2) 将磁场强度测试仪探头置于工件各典型位置，与工件表面接触并垂直。
3) 按确定的磁化参数磁化工件；磁化的同时，使用磁场强度测试仪测试各位置磁场强度（探头面所对方向即为测试的磁场方向，连续法探伤机应进行相互垂直的两个方向的磁场强度测试），如图 2-44 所示。

注：如采用高斯计或特斯拉计测试，单位换算关系为 1Gs = 0.1mT = 80A/m。

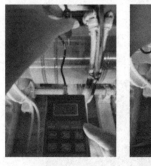

图 2-44 工件表面切向磁场强度测试

4. 剩磁测试

1) 将工件吊离探伤机。

2）将测试方向调整至东西方向。

3）将磁强计置于工件剩磁最大部位表面，水平放置并将测试端"△"箭头朝向产品表面，如图2-45所示。

4）观察剩磁数值。

图2-45 剩磁测试

任务四：系统综合灵敏度测试

1. 便携式磁轭探伤仪

1）在工件检测部位表面粘贴A1-15/50试片。

2）使用磁轭探伤仪对试片区域进行磁化，磁化的同时喷洒磁悬液。

3）观察试片磁痕显示情况，如图2-46所示。

图2-46 A1-15/50试片显示（磁轭探伤仪磁化）

2. 磁粉探伤机

1）将检测工件吊装至磁粉探伤机磁化工作位置并夹持。

2）在工件各典型位置粘贴A1-15/50试片。

3）按确定的磁化参数磁化工件，同时喷淋磁悬液。

4）观察各试片显示情况，试片人工槽应显示完整清晰，如图2-47所示。

图2-47 A1-15/50试片显示（磁粉探伤机复合磁化）

模块二 磁粉检测

项目二：检测实施

任务一：固定式设备检测

1. 工件检查与预处理

（1）检查工件编号

（2）检查确认待检产品状态满足磁粉检测要求

1）磁粉检测产品应为最终成品表面状态，磁粉检测过的产品在后续如进行了加工，则可能暴露内部的缺陷或加工过程可能产生新的缺陷。

2）产品检测区域表面状态应露出金属本体，无目视可见的缺陷，无影响检测的涂覆层。

（3）对工件进行预处理

1）将检测部位外露。

2）清除工件表面影响检测的物质，如清理工件表面灰尘、油污、锈垢、毛刺、氧化皮、焊接飞溅、油漆等涂覆层，使用油基磁悬液、非荧光检测前工件表面不得有水分，使用水基磁悬液工件表面不得有油性物质。

3）检测部位周边有孔、腔时需要封堵，避免后续难以清理。

2. 设备校验

1）起动设备。

2）进行磁悬液浓度测试与污染度测试。

3）将工件吊装至工作位置。

4）进行白光照度与黑光辐照度测试。

5）按磁化参数磁化工件，定期测试工件各典型位置磁场强度。

6）在工件各典型位置粘贴试片，按磁化参数磁化工件，进行试片显示测试后去除试片并退磁。

3. 工件检测磁化

按磁化参数磁化工件并喷淋磁悬液，磁化至少2次且磁悬液停止流动后至少再磁化1次。

磁化操作注意事项：

1）如工件磁悬液流动影响工件下部磁痕形成与观察，应对工件进行分区观察，先对上部进行磁化与观察，退磁后将下部旋转至上部，再对下部重新进行磁化与观察。

2）磁化时应观察电流表确认磁化电流与检测工艺要求一致，每班次开工前均应通过开工性能校验验证检测系统性能满足工艺要求，尤其应注意各部位灵敏度试片显示应完整清晰。

3）检测时应特别注意磁悬液滴落、流动会影响工件部分区域磁痕形成与观察，部分结构复杂工件腔体内部积聚磁悬液在工件转动时流动影响下部区域磁痕观察。在进行磁痕观察时应特别注意此类受影响的区域，如存在影响，应对受影响区域转动角度朝上后再针对性磁化观察。

4. 磁痕观察与记录

1）观察工件表面磁痕显示情况，并注意辨别非相关显示、伪显示。

2）记录发现磁痕的位置与尺寸，必要时对磁痕显示进行拍照。

5. 后处理

1）对工件进行退磁，退磁时电流应大于初始磁化电流，退磁后采用磁强计进行剩磁测量。

2）清理工件及检测现场。

任务二：便携式设备检测

1. 工件检查与预处理

（1）检查工件编号

（2）检查确认待检产品状态满足磁粉检测要求

1）磁粉检测产品应为最终成品表面状态，磁粉检测过的产品在后续如进行了加工，则可能暴露内部的缺陷或加工过程可能产生新的缺陷。

2）产品检测区域表面状态应露出金属本体，无目视可见的缺陷，无影响检测的涂覆层。

（3）对工件进行预处理

1）将检测部位外露。

2）清除工件表面影响检测的物质，如清理工件表面灰尘、油污、锈垢、毛刺、氧化皮、焊接飞溅、油漆等涂覆层，使用油基磁悬液、非荧光检测工件表面不得有水分，使用水基磁悬液工件表面不得有油性物质。

3）为提高背景对比，非荧光检测时可采用反差增强剂形成白色背景，反差层厚度应薄，以刚好掩盖工件本体颜色为宜，反差层不得过厚、龟裂，喷淋磁悬液时不得被冲起，否则应去除反差层并在清理表面后重新喷涂。

4）检测部位周边有孔、腔时需要封堵避免后续难以清理。

2. 设备校验

1）接通设备电源。

2）采用提升力试块进行提升力测试，定期测试磁场强度。

3）采用湿法检测时每批罐装磁悬液测试一次沉淀浓度。

4）进行白光照度测试，如采用荧光检测，还应测试黑光辐照度。

5）在工件典型位置粘贴试片，磁化工件，测试试片显示情况后去除试片。

3. 工件磁化

采用干法检测时，一边拖动、摆动磁轭磁化一边撒磁粉。采用湿法检测时，一边磁化工件一边喷淋磁悬液，磁化时间至少1～3s，喷淋应先于磁化结束，且之后还应再磁化至少1次，磁化结束后移开磁极。

磁化操作注意事项：

1）湿法检测时应注意磁悬液流动对检测造成的影响，先对工件下部进行磁化与观察，再对上部进行检测。

2）除交叉磁轭以外，磁轭均属纵向磁化，应注意检测缺陷方向与磁轭连线方向垂直，检测时应将磁轭偏转约90°进行两个方向的磁化检测。

3）应注意磁轭有效磁化区范围，磁化操作时应注意检测区域在有效磁化区以内，分段磁化时，磁极移动间距不得过大，应确保有效磁化区有一定重叠。

4. 磁痕观察与记录

1）观察工件表面磁痕显示情况，并注意辨别非相关显示、伪显示。

2）记录发现磁痕的位置与尺寸，必要时对磁痕显示进行拍照。

5. 后处理

1）采用交流电磁轭进行检测，一般不需要专门进行退磁。

2）清理工件与检测现场。

任务三：磁痕观察与记录

1. 磁痕分类

（1）磁痕定义　磁粉检测时，磁粉聚集形成的图像称为磁痕，又称磁痕显示。

（2）相关显示　由缺陷产生的漏磁场形成的磁痕显示，称为相关显示。例如，由工件表面或近表面的裂纹、发纹、未熔合、咬边、未焊透、气孔等形成的磁痕显示，相关显示示例如图2-48所示。

（3）非相关显示　由非缺陷产生的漏磁场形成的磁痕显示，称为非相关显示。例如，由工件截面突变、材料磁导率差异、磁化电流过大等产生的磁痕显示，非相关显示示例如图2-49所示，车轴平直段与圆弧段过渡区尖角产生整圈磁痕，磁化电流过大时更为明显，圆滑过渡后消失。

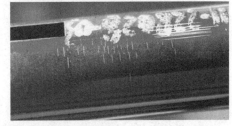

图2-48　相关显示示例

a) 工件截面突变部位非相关显示　　b) 圆滑过渡后显示消失

图2-49　非相关显示示例

（4）伪显示　不是由漏磁场形成的磁痕显示，称为伪显示。

例如，由工件表面凹陷区域、工件表面残留的涂覆层（局部漆层、氧化皮等）边缘、湿法检测时工件表面挂附的纤维处等滞留磁粉形成的磁痕显示。伪显示示例如图2-50所示。

图 2-50 伪显示示例

2. 磁痕观察

磁粉检测时，发现磁痕显示后，首先应观察磁痕位置表面状态，排除伪显示情况（如无法确定，可对磁痕位置表面进行确认与修整，如去除黏附的纤维、表面涂覆层，修整表面）；对于两种材料焊接的连接区域可能存在磁导率差异，以及工件截面突变可能导致漏磁场的情况，应检查确认工件材质与结构情况，必要时采用渗透检测等其他检测方法辅助验证。

发现磁痕后，应对工件重新磁化，如后续磁痕仍出现且位置、尺寸均与第一次检测时相同，应进行记录。

3. 磁痕记录

应在检测记录内详细记录磁痕的位置、尺寸。

任务四：检测记录填写

1. 日常性能校验记录

根据开展的性能校验项目，填写性能校验记录，校验记录模板示例见表 2-5、表 2-6。

表 2-5 磁粉探伤仪日常性能校验记录

年　　月　　日

仪器型号		仪器编号		检测产品	
检测工艺	湿法□/干法□，连续法		磁粉型号		
反差剂批次			磁粉/磁悬液批次		
试片型号	A1-15/50□　D-15/50□		提升力	3.5kg 圆柱□ 4.5kg 平板□	
试片显示	清晰□	白光照度	lx	磁化规范	＿＿＿V，＿＿＿A
开工校验	合格/不合格□		完工校验	□合格/不合格□	
无损检测员		班长/工位长		检查人员	
备注					

表 2-6 磁粉探伤机日常性能校验记录

年　　月　　日

设备型号		设备编号		检测产品	
检测工艺	荧光湿法，连续法		磁粉型号		
试片显示	A1-15/50□　D-15/50□		磁粉批次号		

模块二 磁粉检测

(续)

设备型号		设备编号		检测产品	
沉淀时间	开始:	结束:	周向磁化电流/安匝		
沉淀浓度	mL/100mL		纵向磁化电流/安匝		
剩磁强度	Gs	紫外线辐照度	$\mu W/cm^2$	白光照度	lx
开工校验	合格□/不合格□		完工校验	□合格/不合格□	
无损检测员		组长/工位长		检查人员	
备注					

2. 检测记录

根据选择的检测系统、检测参数与检测情况,填写检测记录。检测记录模板示例见表2-7。

表2-7 构架焊缝磁粉检测记录

构架编号:＿＿＿＿＿＿＿＿＿＿

仪器型号			磁化方法	磁轭法	
反差增强剂		磁悬液		提升力	
综合灵敏度		A1-15/50□ D-15/50□		白光照度	
检测标准		验收标准			
检测图样		检测焊缝		检测文件	
检测焊缝名称	检测情况和返工情况			检测结论	
				首检合格	返工合格
××部分焊缝					
××部分焊缝					
××部分焊缝					

备注:

部件检测结论			
检测人员		检测日期	

模块三

渗透检测

知识目标：
1) 理解渗透检测的基本原理、润湿现象和毛细现象，熟悉渗透检测优点和局限。
2) 了解试块的作用，掌握综合灵敏度校验方法，熟悉渗透检测的操作流程。
3) 了解渗透检测显示痕迹分类，能辨识缺陷显示并正确记录检测结果。

能力目标：
1) 熟悉并掌握常用渗透检测设施、器材的使用方法。
2) 能依据工艺文件要求，完成系统性能校验、执行渗透检测操作。
3) 能识别缺陷显示痕迹，能完整、准确记录校验和检测结果。

任务描述：
通过阅读工艺文件，完成渗透检测系统性能校验并实施检测。

知识准备（1）：渗透检测的基础知识

渗透检测（Liquid Penetrant Testing，PT）是基于毛细管现象揭示非多孔性固体材料表面开口缺陷的无损检测方法。主要用于检测各种非多孔固体材料制件的表面开口缺陷。适用于原材料、在制零件、成品零件和在用零件的表面质量检测。

知识点一：润湿和毛细现象

1. 润湿现象

润湿现象是固体表面的气体被液体取代或固体表面的液体被另一液体取代的现象。在渗透检测中，渗透对工件表面的良好润湿是进行渗透检测的先决条件，只有当渗透剂充分润湿被检工件表面时，渗透剂才能渗入表面开口缺陷，才能实现渗透检测。此外，渗透剂还能润湿显像剂，以便将缺陷内的渗透剂吸出从而显示缺陷，因此润湿性能是渗透剂的重要指标。气-液界面切线与液-固界面之间的夹角称为接触角（θ），如图3-1所示。通常，将液体对固体润湿性分为完全润湿（$\theta=0°$）、润湿（$0°<\theta<90°$）、不润湿（$90°\leq\theta<180°$）和完全不润湿（$\theta=180°$）四个级别。

2. 毛细现象

将细管插入液体中时，由于表面张力和附着力的作用，管内的液体可能呈凹面上升（当液体润湿管子时），也可能呈凸面下降（当液体不润湿管子时），如图3-2所示，这种现象称为毛细现象，或称毛细管作用。

渗透检测中，渗透剂受检工件表面开口缺陷的渗透，显像剂的显像过程都是由于毛细现象，来源于液体与固体表面分子间的相互作用力。

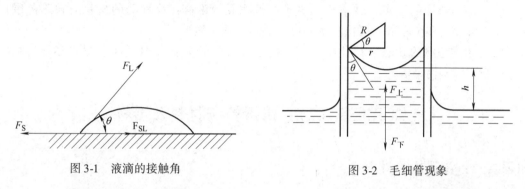

图3-1 液滴的接触角　　　　　　图3-2 毛细管现象

知识点二：渗透检测基本原理

渗透检测是一种以毛细作用原理为基础，用于检测非多孔性金属和非金属工件表面开口缺陷的无损检测方法。

渗透检测工作原理：在施加渗透剂前，预先对待检工件表面进行清理，以除去工件表面的污染物，然后在工件表面施加含有荧光染料或着色染料的渗透剂，在毛细作用下，经过一定时间后，渗透剂可以渗入表面开口缺陷中；去除工件表面多余的渗透剂，经干燥后，再在工件表面施加吸附介质——显像剂；在毛细作用和吸附作用下，显像剂将吸引缺陷中的渗透剂，使其回渗到显像剂中；在一定的光源下（黑光或白光），缺陷处的渗透剂痕迹被显示（黄绿色荧光或鲜艳红色），从而检测出缺陷的形貌及分布状态。

知识点三：黑光和荧光

通常，将紫外辐射长波部分（UV-A）（315～400nm）称为黑光。黑光对生物体产生的损害作用最小，但能使荧光物质或磷光物质产生光致发光现象。在荧光渗透检测中，用黑光来激发荧光染料，使其发出荧光。无损检测应用的黑光灯和滤光片（或滤光涂层）的作用是使其辐射波长范围为320～390nm，峰值波长为365nm。

荧光物质吸收外辐射能，产生光致发光现象，发出的可见光称为荧光。荧光与磷光不同，外辐射源停止后，荧光会立刻消失，而磷光却要经过一段时间，甚至很长的时间才消失。不同的荧光物质会发出不同颜色（波长）的光。荧光渗透液中采用的荧光染料，能发出黄绿色光，波长范围为510～550nm。人的眼睛对这种颜色的光最敏感。

知识点四：对比度和可见度

显示（在背景表面观察到的渗透液痕迹）与显示周围背景（本底）之间亮度或颜色之差称为对比度。对比度可用两者之间反射光（或发射光）的相对量——对比率来表示。黑

色染料显示与白色背景之间的对比率为9∶1；红色染料显示与白色背景之间的对比率为6∶1；发光的荧光染料显示与不发光的背景之间的对比率为300∶1，甚至更高。

显示被观察者肉眼看到的清晰程度称为可见度。它与显示的颜色、背景的颜色、显示的对比度、环境光的照度和观察者的视力等因素有关。

知识点五：渗透检测的优缺点

（1）渗透检测的优点　缺陷显示直观；检测灵敏度高；可检测的材料与缺陷范围广；一次操作可检测多个零件，可检测多方位的缺陷；操作简单等。

（2）渗透检测的缺点　只能检测零件的表面开口缺陷；一般只能检测非多孔性材料；对零件和环境有污染等。

知识准备（2）：渗透检测材料及器材

知识点一：渗透检测材料

渗透检测材料主要包括渗透剂、去除剂（清洗剂）和显像剂三大类。

1. 渗透剂

渗透剂是一种含有着色染料或荧光染料且具有很强的渗透能力的溶液，它能渗入表面开口缺陷并被显像剂吸附（或回渗）到零件表面，从而显示缺陷痕迹。渗透剂是渗透检测中最关键的材料，其性能直接影响检测的灵敏度，还关系到其他渗透检测剂的选用。

渗透检测中所使用的渗透剂按所含染料成分分类，可分为荧光渗透剂、着色渗透剂和荧光着色渗透剂三大类，有时也简称为荧光剂、着色剂、荧光着色剂。

2. 去除剂（清洗剂）

去除剂（清洗剂）是用来除去被检工件表面多余渗透剂。对于水洗型渗透剂是采用水进行直接去除，去除剂就是水；对于后乳化型渗透剂是在乳化后再用水去除，去除剂就是水和乳化剂。溶剂去除型渗透剂是采用溶剂进行去除，去除剂就是这些溶剂，常用的有煤油、酒精等。溶剂去除剂通常分为含卤溶剂去除剂、不含卤溶剂去除剂和特殊应用去除剂三类。

3. 显像剂

显像剂是渗透检测中的另一关键材料，通过毛细作用将缺陷中的渗透液回渗到工件表面上形成缺陷显示；将形成的缺陷显示在被检表面上横向扩展，放大至人眼可见；提供与缺陷显示较大反差的背景，以利于观察。显像剂主要分为干式显像剂、湿式显像剂及其他类型显像剂三种。湿式显像剂又分为水悬浮型显像剂、水溶性显像剂、溶剂悬浮型显像剂三种。此外，还有塑料薄膜显像剂、化学反应型显像剂等其他类型显像剂。

知识点二：辅助器材

1. 渗透检测装置

日常渗透检测多使用便携式渗透检测装置，主要是各种喷罐。常见的是一次性气雾剂喷罐，通常由渗透液喷罐、清洗/去除剂喷罐、显像剂喷罐及一些小工具（如清理擦拭工件用的刷子）、不起毛的擦拭物（如棉织品、纸）等。如果采用荧光法，还要装有紫外线灯。

（1）喷罐　喷罐一般由盛装容器和喷射机构两部分组成，典型结构如图3-3所示。

（2）光源装置及照度计　光源对渗透检测有着重要的作用，它不仅涉及检测灵敏度，也关系到操作人员的视力。

1）白光灯。着色渗透检测用日光或白光照明，光的照度应不低于500lx。在没有照度计测量的情况下，可用80W日光灯在1m远处的照度为500lx作为参考。

2）紫外线灯。在荧光渗透检测中必须使用紫外线灯（波长为320~400nm，中心波长为365nm），过去广泛使用高压汞蒸气弧光灯（黑光灯），近年LED紫外线灯也得到大量使用。黑光灯、LED紫外线灯如图3-4、图3-5所示。

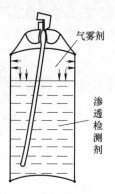

图3-3　喷罐结构

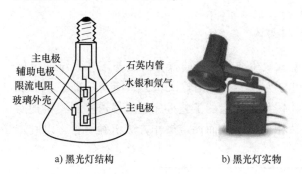

图3-4　黑光灯

图3-5　LED紫外线灯

3）照度计。渗透检测常用的测量光源器具有：紫外线辐照计、白光照度计。

紫外线辐照计主要用于校验紫外光源性能和测定被检工件表面的紫外线辐照度；白光照度计用于测定被检工件表面白光照度值，其实物如图3-6、图3-7所示。

图3-6　紫外线辐照计

图3-7　白光照度计

2. 渗透检测试块

试块是指带有人工缺陷或自然缺陷的试件。它是用于衡量渗透检测材料和检测工艺所能达到的灵敏度的器材，也可以用来确定渗透检测的工艺参数，也称灵敏度试块。常用渗透检测用试块主要有以下几种，简单介绍如下。

（1）铝合金淬火裂纹试块（Ⅰ型试块）　Ⅰ型试块，如图3-8所示。该试块适合于两种不同的渗透剂在互不污染的情况下进行灵敏度对比试验，也适合于同一种渗透剂的某一不同操作工序的灵敏度对比试验。因此，适合于对渗透剂进行综合性能比较。

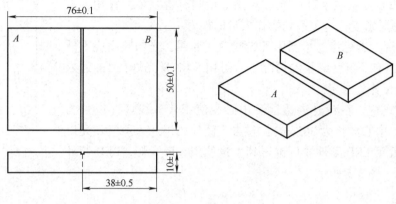

图 3-8　Ⅰ型试块

（2）不锈钢镀铬试块（Ⅱ型试块）　Ⅱ型试块主要用于校验操作方法与工艺系统的灵敏度，如图 3-9 所示。Ⅱ型试块不像Ⅰ型试块可分为两半进行比较试验，只能与标准工艺的照片或工件复制品对照使用。即在Ⅱ型试块上，按预先规定的工艺程序进行渗透检测，再把实际的显示图像与标准工艺图像的复制品或照片相比较，从而评定操作方法正确与否，以确定工艺系统的灵敏度。

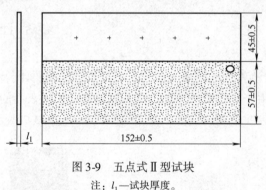

图 3-9　五点式Ⅱ型试块

注：l_1—试块厚度。

知识准备（3）：渗透检测技术

知识点一：渗透检测的时机

渗透检测工序一般应安排在会掩盖零件表面的不连续性或降低检测灵敏度工序之前，可能使零件产生表面不连续性或使已有的缺陷扩展工序之后。

此外，对采用吹砂去除表面氧化皮的铸件、焊件和热处理件，以及机械加工后的铝、铁、钛合金和奥氏体不锈钢关键零件，还有制造过程中要进行浸蚀检测的零件，需要先进行浸蚀，然后再进行渗透检测；对使用中的零件，需要先去除表面的积碳、氧化层和涂层（阳极化保护层可不去除），然后再进行渗透检测。

知识点二：渗透检测工艺

1. 渗透检测方法分类

根据不同类型的渗透剂，不同的表面多余渗透剂的去除方法与不同的显像方式，可以组合成多种不同的渗透检测方法，见表 3-1，如 ⅡDa 表示溶剂去除型着色渗透检测（干粉）。

表 3-1 渗透检测方法分类

渗透剂		渗透剂的去除		显像剂	
代号	名称	代号	名称	代号	名称
Ⅰ Ⅱ Ⅲ	荧光渗透检测 着色渗透检测 荧光着色渗透检测	A B C D	水洗型渗透检测 亲油型后乳化渗透检测 亲水型后乳化渗透检测 溶剂去除型渗透检测	a b c d e	干粉显像剂 水溶解显像剂 水悬浮显像剂 溶剂悬浮显像剂 自显像

2. 渗透检测材料系统同族组的原则

1) 渗透检测材料系统是指由渗透剂、去除剂、显像剂所构成的特定组合系统。
2) 渗透检测材料使用时必须遵行同厂家同族组的原则，不同族组的产品严禁混用。

知识点三：渗透检测工艺流程

常用的几种渗透检测方法的操作程序如图 3-10 所示，轨道交通行业主要采用溶剂清洗型渗透检测方法。

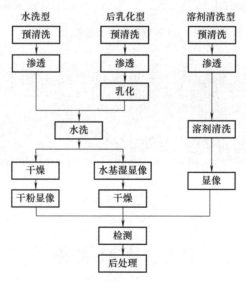

图 3-10 渗透检测方法的工艺流程

知识点四：显示痕迹辨识基础

通常将渗透检测的显示分为下列三类：
（1）虚假显示 由于检测人员的手、检测台、检测工具、显像剂被渗透液污染、操作中渗透液的飞溅，相邻零件显示的接触等原因，引起零件污染产生的渗透液显示。

（2）非相关显示　由零件外形结构（如键槽、花键、装配缝隙等），允许的加工痕迹（压痕、压印、铆接印等），允许的表面划伤、刻痕、凹坑、毛刺、焊斑、氧化皮等引起的渗透液显示。

（3）相关显示　由零件表面的裂纹、折叠、分层、冷隔、夹杂、气孔、针孔、疏松等引起的渗透液显示，如图 3-11～图 3-13 所示。

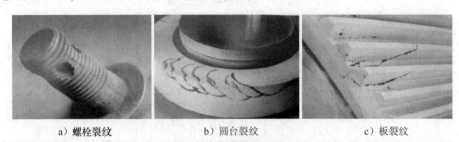

a）螺栓裂纹　　　　　b）圆台裂纹　　　　　c）板裂纹

图 3-11　线性缺陷显示痕迹（裂纹）

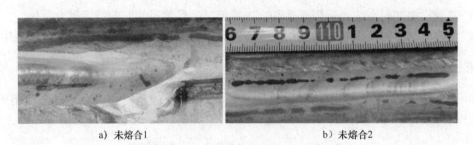

a）未熔合1　　　　　　　　　b）未熔合2

图 3-12　非线性缺陷显示痕迹（未熔合）

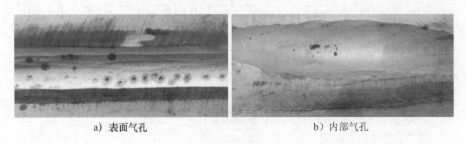

a）表面气孔　　　　　　　　　b）内部气孔

图 3-13　非线性缺陷显示痕迹（气孔）

任务：检测实施

任务一：工作准备

1. 安全防护准备

1）着色渗透检测材料易燃、有毒，因此操作中必须注意安全，操作人员应穿戴好必要的防护用品，如安全帽、工作服和浸塑手套等，避免渗透检测时皮肤与渗透材料直接接触。

2) 渗透检测场所必须有良好的通风设施,并且远离火源,并配备灭火设施。
3) 进行荧光渗透检测时,操作人员还应佩戴防紫外线的防护眼镜。

2. 器材准备

1) 渗透材料如渗透剂、显像剂和清洗剂应为合格产品且在有效期内,并满足同厂家,同族组的原则,不同族组的不能混用,如图3-14所示。

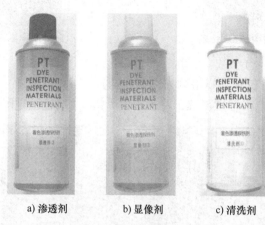

a) 渗透剂　　b) 显像剂　　c) 清洗剂

图3-14　渗透材料

2) 不锈钢镀铬试块（Ⅱ型试块）（见图3-15）、光源、不脱毛的布或纸巾等准备就绪。

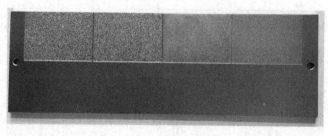

图3-15　Ⅱ型试块

任务二：渗透检测性能校验

1. 检测光源校验

1) 检查白光照度、紫外辐照度计检定有效期,紫外灯滤光板完好无裂损。

2) 白光照度校验：将白光照度计的光敏探头朝向光源,选择适当的量程,读取白光照度计显示的数值。着色渗透检测用日光或白光照明,光的照度应不低于1000lx为合格,如图3-16所示。

3) 紫外线辐照度校验：对于荧光渗透检测,应进行紫外线辐照度校验。检查前开启紫外灯预热10min,在暗室或暗处白光照度不大于20lx状态下,将紫外线辐照度计的光敏探头朝向紫外灯光源且距紫外灯300~400mm处,选择适当的量程,读取照度计显示的数值,紫外线辐照度不低于$1000\mu W/cm^2$为合格,如图3-17所示。

图 3-16　白光照度的测定

图 3-17　紫外线辐照度测定

2. 渗透检测灵敏度的校验（以溶剂去除型为例）

1）预清洗：把试块取出并预清洗，将渗透面干燥，如图 3-18 所示。

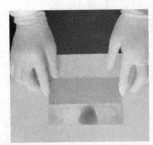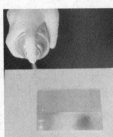

a）准备　　　　　　b）清洗　　　　　　c）擦干　　　　　　d）完成

图 3-18　预清洗

2）施加渗透剂：在试块渗透面上喷涂渗透剂，渗透时间 10min，如图 3-19 所示。

a）喷涂　　　　　　b）完成

图 3-19　施加渗透剂

3）去除处理：用不脱毛的布或纸巾去除试块渗透面上多余渗透剂（见图 3-20）。

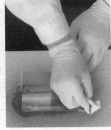

图 3-20　去除处理

模块三 渗透检测

4）施加显像剂：多余渗透剂去除干净后，在试块渗透面上喷上一层显像剂，显像剂喷涂应薄且均匀，如图 3-21 所示。

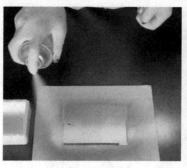

a) 喷涂　　　　　　　　　b) 完成

图 3-21　施加显像剂

5）检测：施加显像剂 7～30min，观察试块人工缺陷显示情况。从试片人工缺陷辐射状裂纹清晰显示，与复制品或相片一致，说明渗透检测系统灵敏度符合检测要求，渗透材料有效，渗透检测系统校验合格，如图 3-22 所示。

图 3-22　检测

6）后处理：完成以上操作后，先用水清洗试块，再用酒精清洗干净，妥善保管。将渗透材料收集起来统一保管，渗透检测废弃物收集好放入指定垃圾桶中，交安全环保部门处理。

3. 渗透检测性能校验记录填写

根据开展的性能校验项目，填写性能校验记录，校验记录模板示例见表 3-2。

表 3-2　渗透检测日常性能校验记录（示例）

单位：　　　　　　　　　　　　　　　　　　　　　　　　　年　　　月　　　日

检测方法		检测标准	
试块型号		环境温度	
白光照度	lx	紫外辐照度	μW/cm²
渗透剂		施加方式	
乳化剂		渗透时间	min
清洗剂		乳化时间	min
显像剂		显像时间	min
试块缺陷显示情况		被检工件	
备注			
检测人		审核人		质检员	

任务三：渗透检测实施

检测人员根据工艺文件或作业指导书规定渗透检测方法，严格按照规定的检测工艺流程实施渗透检测，以轨道交通车辆行业溶剂去除型着色渗透检测为例，讲解检测实施步骤。

1. 检测工艺流程

溶剂去除型着色渗透检测的基本工艺流程：预处理、渗透、去除、干燥、显像、检测和后处理，如图3-23所示。

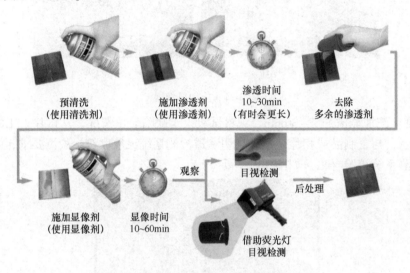

图3-23 溶剂去除型着色渗透检测工艺流程

2. 预处理

被检工件表面的污染和附着物，如油污、油脂、涂层等会妨碍渗透液进入被检工件缺陷内，影响染料性能，或产生不良背景。因此，在渗透处理之前必须对被检工件的表面或局部表面（进行局部检验时）进行预处理，保证其清洁、干燥。

常用的预处理方法和适用范围如下。

1）溶剂清洗：去除油污、油脂、蜡等污物。

2）化学清洗：去除涂层、氧化皮、积炭层和其他溶剂清洗法不能去除的附着物。

3）机械清理：去除溶剂、化学清洗法都不能去除的表面附着物。

4）浸蚀处理：使用过的零件，因加工、预处理使表面状态会降低渗透效果的零件，均需进行浸蚀处理。但高精度的配合孔、面不能进行浸蚀处理。

3. 渗透处理

1）施加渗透剂：一般采用压力喷涂。喷涂前，摇动喷罐，使喷罐中的珠子将罐内渗透剂搅拌均匀，喷涂时喷嘴距被检表面的距离约为300~400mm，如图3-24所示。使渗透剂在被检工件表面上完全覆盖，并一直保持湿润状态。

2）渗透时间：渗透时，被检工件、渗透剂和环境温度都应在5~50℃，渗透时间一般不少于10min（渗透时间是指被检工件受检面被渗透剂覆盖的时间，包括施加渗透剂之后滴落

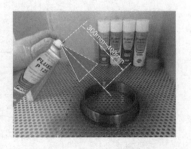

图3-24 施加渗透剂方法

的时间）。当温度在 5~15℃时，渗透时间需延长到不少于 20min。

4. 去除

渗透结束后，先用不脱毛的布或纸巾擦拭去除被检工件表面多余的渗透剂，然后再用沾有配套的溶剂去除剂的干净不脱毛的布或纸巾擦拭，直至将被检表面上多余的渗透剂全部擦净。

注意事项：

1）应朝一个方向擦拭，不得往复擦拭，如图 3-25 所示。

2）擦拭用的布或纸只能被配套的溶剂去除剂润湿，不能被去除剂饱和浸透，更不允许采用浸涂、喷涂或刷涂方法施加配套的溶剂去除剂，以防缺陷中的渗透剂也被去除。

3）被检工件表面用清洁而干燥的擦拭物擦净、吸干，或者靠自然挥发晾干。

4）被检工件的渗透剂过去除，需要从预清洗开始重新处理。

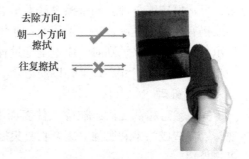

图 3-25　去除多余渗透剂方法

5. 显像过程

显像是指在被检工件表面施加显像剂，利用毛细作用原理将缺陷中的渗透剂回渗至显像剂表面，从而形成清晰可见的缺陷显示痕迹的过程。

1）施加方法：溶剂去除型着色渗透检测的显像处理一般采用压力喷罐喷涂，喷涂前，必须摇动喷罐使罐中的珠子将罐内显像剂搅拌均匀，喷涂时喷嘴距被检表面的距离为 300~400mm，喷洒方向与被检面的夹角为 30°~40°，如图 3-26 所示。使显像剂在被检工件表面上形成一层白色薄而均匀且能完全覆盖工件底色，为显示提供适当的色彩对比背景。

2）显像时间：显像时间不少于 10min，不超过 60min（从显像剂干燥后开始计算）。操作时应控制好显像时间，不宜过长也不宜过短，否则，显像时间过短被检工件内渗透剂还没有回渗出来形成显示痕迹，容易漏检，显像时间过长则会造成缺陷显示痕迹被过度放大，使缺陷显示痕迹失真，降低分辨力。

图 3-26　施加显像剂方法

6. 显示观察

显像处理后要立即进行显示痕迹观察，对显示痕迹判识，对判定为缺陷的显示痕迹，应测定其位置、尺寸等，并记录在检测报告上。检测人员在进行显示观察记录时应注意如下事项。

1）检测时机：为确保任何缺陷显示痕迹在其未被扩展得太大之前得到检查，原则上，缺陷显示痕迹的观察，应在施加显像剂之后 10~30min 内进行。如显示的大小不发生变化，则可超过上述时间。

2）观察环境：检测应在白光下进行观察，显示为红色图像。为确保检测效果，被检工

件表面上的白光照度应不少于 1000lx；荧光检测应在暗室内的紫外灯下进行观察，暗室内白光照度不应超过 20lx，被检工件表面的紫外光辐照度应不低于 $1000\mu W/cm^2$。

荧光检测时检测人员应在检测工件前应至少提前 10min 进入暗室，使眼睛适应暗室的条件，且连续检测的时间不能太长，否则会影响缺陷的检出率和检测的质量。

3）显示辨识：检测人员在观察过程中，当发现的显示痕迹需要判别其真伪时，可用干净的布或棉球沾一点酒精，擦拭显示部位，如果被擦去的是真实的缺陷显示痕迹，则擦拭后，显示痕迹能再现；如果擦去后显示痕迹不再重现，一般都是虚假显示痕迹。对于特别细小或仍有怀疑的显示痕迹，可用 5~10 倍的放大镜进行放大辨认。若因操作不当，真伪缺陷显示痕迹实在难以辨别时，应重复全过程进行重新检测。当确定是缺陷显示痕迹时，还要进一步确认缺陷的尺寸和位置，以便记录。

7. 后处理

完成渗透检测之后，被检工件表面上残留的渗透剂、显像剂及其他污染物，应予以清洗，以免造成污染和腐蚀。废弃物收集后按安全环境部门要求放置于指定地方，由相关部门集中处理。

8. 记录和报告

检测完毕后，根据检测情况，记录相关检测情况，并出具检测报告。检测记录和报告应清晰整洁，不错不漏，签审齐全，如有更改必须在更改处签名确认。检测报告模板示例见表 3-3。

表 3-3　渗透检测报告（示例）

单位：_____　　　　　　　　　　　　　　　____年____月____日

工件名称		材质	
工件图号		表面状态	
工件温度		检测区域	
渗透剂		施加方式	
乳化剂		渗透时间	min
清洗剂		乳化时间	min
显像剂		显像时间	min
检测方法		检测比例	
检测标准		验收规范	

检测情况：

	结论		
检测人日期		审核人日期	质检专用章

模块四

超声波检测

知识目标：

1) 掌握超声波检测技术的基本物理基础，超声波检测的优点和局限性。
2) 认识和了解超声波检测仪器、探头和对比试块等检测器材。

能力目标：

1) 能依据工艺文件的要求设置超声波检测仪器或设备参数、完成系统性能校验、执行超声波检测操作。
2) 能识别超声波检测缺陷显示信号和干扰信号，能完整、准确记录检测结果。

任务描述：

1) 熟悉超声波检测的基础知识和基本设备、器材。
2) 完成超声波检测主要性能的测试。
3) 能够根据作业指导书要求进行基本的设备调节、灵敏度设定、检测扫查和基本缺陷的识别。

知识准备（1）：超声波检测物理基础

知识点一：超声波检测技术的物理基础

超声波是弹性介质中振动的一种机械波，一般频率高于20kHz。常用超声波检测的频率一般在 0.5~10MHz。

1. 波长、频率和声速

波长是指波在一个振动周期内传播的距离，即沿波传播方向，相邻两个振动位相相差 2π 的点之间的距离，即相邻的两个波峰或两个波谷之间的距离，常用 λ 表示，单位为毫米（mm）。

频率是单位时间内完成周期性变化的次数，常用 f 表示，单位为赫兹（Hz）。

波速是波动在单位时间内的传播距离就是波动传播的速度，声学中又可将波速叫做声速，常用 c 表示，单位为米/秒（m/s）或千米/秒（km/s）。

波长、频率、波速三者之间的相互关系如式（4-1）所示，对特定的介质，超声波的传播速度对某一传播波形来说，它基本上是个不变的定值，表示波长与频率成反比。

$$c = f\lambda \text{ 或 } \lambda = \frac{c}{f} \tag{4-1}$$

超声波波形不同时，介质弹性变形形式不同，声速也不一样。轨道交通行业常用材料和超声波波形的声速关系见表 4-1。频率的不同，主要决定了超声波波长的长短不同，选用合适的频率，是与被检测工件的声衰减特性和拟检测缺陷等因素相关。

表 4-1　常见材料的声速

种类	c_L/（m/s）①	种类	c_L/（m/s）	c_S/（m/s）②
轻油	1324	铝	6260	3080
变压器油	1425	铁	5850~5900	3230
甘油（100%）	1880	铸铁	3500~5600	2200~3200
甘油33%（容积）水溶液	1670	钢	5880~5950	3230
水玻璃（100%）	2350	不锈钢	5660	3120
水玻璃20%（容积）水溶液	1600	有机玻璃	2720	1460
空气	344	铜	4700	2260

① c_L 表示纵波声速。
② c_S 表示横波声速。

2. 超声波类型

根据波动传播时介质质点的振动方向相对于波的传播方向的不同，可将波动分为纵波、横波、表面波和板波等；轨道交通行业常用纵波、横波检测。

（1）纵波 L　也可称为压缩波、疏密波，如图 4-1 所示。

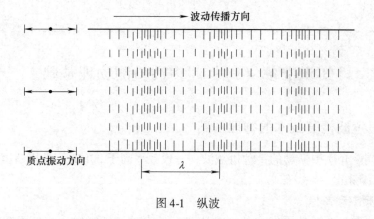

图 4-1　纵波

1）定义：弹性介质中质点的振动方向与波的传播方向互相平行的波。
2）特点：当介质质点受到交变拉、压应力作用时，质点之间产生相应的伸缩形变，从而形成纵波。这时介质质点疏密相间，故纵波又称为压缩波或疏密波。
3）传播介质：固体、液体、气体介质。
4）轨道交通行业应用：钢板、锻件、铸钢件、车轴、车轮等。

（2）横波 S 也可称为切变波，如图 4-2 所示。

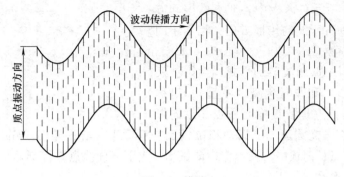

图 4-2 横波

1）定义：固体弹性介质中质点的振动方向与波的传播方向互相垂直的波。
2）特点：当固体弹性介质质点受到交变的剪切应力作用时，介质质点就会产生相应的横向振动，产生剪切形变，从而形成横波。
3）传播介质：固体介质。
4）轨道交通行业应用：焊缝、车轴、车轮、钢轨等。

（3）表面波 R

1）定义：质点作纵、横向复合振动，质点振动所引起的波动传播只在固体介质表面进行，不能在液体或气体介质中传播，故称表面波，分为瑞利波和乐甫波。
2）特点：瑞利波与乐甫波的特点如下。

瑞利波：当传播介质的厚度大于波长时产生瑞利波，波动使固体表面质点产生的复合振动轨迹是绕其平衡位置的椭圆，椭圆的长轴垂直于波的传播方向，短轴平行于传播方向（见图 4-3）。一般认为，表面波检测只能发现距工件表面两倍波长深度内的缺陷。

乐甫波：当传播介质厚度小于波长时产生乐甫波，质点平行于表面方向振动，波动传播方向与质点振动方向相垂直，相当于固体介质表面传播的横波，如图 4-4 所示。

3）传播介质：固体介质表面。
4）轨道交通行业应用：车轴等内表面缺陷检测。

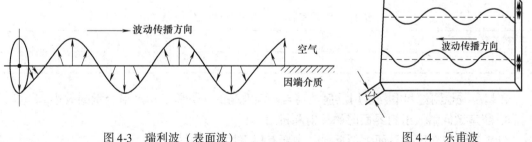

图 4-3 瑞利波（表面波）　　　　　　　图 4-4 乐甫波

（4）板波
1）定义：板厚与波长相当的薄板状固体中传播的声波，称为板波。根据质点的振动方向不同可将板波分为 SH 波和兰姆波。
2）特点：SH 波和兰姆波的特点如下。

SH 波：SH 波是水平偏振的横波在薄板中传播的波，如图 4-5 所示。薄板中各质点的振动方向平行于板面而垂直于波的传播方向，相当于固体介质表面中的横波。

兰姆波：按板中振动波节的形式，兰姆波又分为对称型（S 型）和非对称型（A 型）。对称型（S）兰姆波的特点是薄板中心质点作纵向振动，上下表面质点作椭圆运动、振动相位相反并对称于中心，如图 4-6a 所示。非对称型（A 型）兰姆波特点是薄板中心质点作横向振动，上下表面质点作椭圆运动、相位相同，不对称，如图 4-6b 所示。

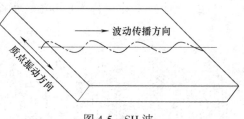

图 4-5　SH 波

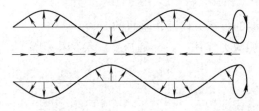 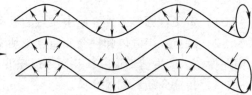

图 4-6　兰姆波

3) 传播介质：薄板状固体。
4) 轨道交通行业应用：薄钢板、薄板类焊缝等。

3. 分贝

在超声波检测中，当超声波探伤仪的垂直线性较好时，仪器示波屏上的波高与声压成正比。则有

$$\Delta = 20\lg P_2/P_1 = 20\lg H_2/H_1 \text{(dB)} \tag{4-2}$$

注：这里声压基准 P_1 或波高基准 H_1 可以任意选取。

1) 当 $H_2/H_1 = 1$ 时，$\Delta = 0$ dB，说明两波高相等时，二者的分贝差为零。
2) 当 $H_2/H_1 = 2$ 时，$\Delta = 6$ dB，说明 H_2 为 H_1 的 2 倍时，H_2 比 H_1 高 6dB。
3) 当 $H_2/H_1 = 1/2$ 时，$\Delta = -6$ dB，说明 H_2 为 H_1 的 1/2 时，H_2 比 H_1 低 6dB。
4) 常用声压（波高比）对应的 dB 值见表 4-2。

表 4-2　常用声压（波高比）对应的 dB 值

P_2/P_1 或 H_2/H_1	10	4	2	1	1/2	1/4	1/10
dB	20	12	6	0	-6	-12	-20

在超声波检测过程中，常用反射波高与基准波高的分贝差表示反射当量的大小。

4. 超声波倾斜入射到界面时的反射和折射

（1）超声波在固体界面上的反射　主要有以下两种反射情况。

1) 固体中纵波斜入射于固体-气体界面。图 4-7 中，α_L 为纵波入射角，α_{L1} 为纵波反射角，α_{S1} 为横波反射角，其反射定律可用下列数学式表示

$$\frac{c_L}{\sin\alpha_L} = \frac{c_{L1}}{\sin\alpha_{L1}} = \frac{c_{S1}}{\sin\alpha_{S1}} \tag{4-3}$$

因入射纵波 L 与反射纵波 L_1 在同一介质内传播,故它们的声速相同,即 $c_L = c_{L1}$,所以 $\alpha_L = \alpha_{L1}$。又因同一介质中纵波声速大于横波声速,即 $c_{L1} > c_{S1}$,所以 $\alpha_{L1} > \alpha_{S1}$。

2)横波斜入射于固体-气体界面。图 4-8 中,α_S 为横波入射角,α_{S1} 为横波反射角,α_{L1} 为纵波反射角。由反射定律可知

$$\frac{c_S}{\sin\alpha_S} = \frac{c_{S1}}{\sin\alpha_{S1}} = \frac{c_{L1}}{\sin\alpha_{L1}} \tag{4-4}$$

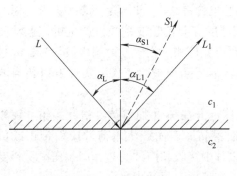
图 4-7 纵波斜入射

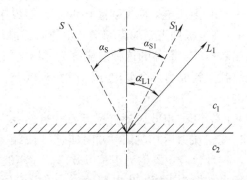
图 4-8 横波斜入射

因入射横波 S 与反射横波 S_1 在同一介质内传播,故它们的声速相同,即 $c_S = c_{S1}$,所以 $\alpha_S = \alpha_{S1}$。又因同一介质中 $c_{L1} > c_{S1}$,所以,$\alpha_{L1} > \alpha_{S1}$。

(2)超声波的折射

1)纵波斜入射的折射。图 4-9 中,α_L 为第一介质的纵波入射角,β_L 为第二介质的纵波折射角,β_S 为第二介质的横波折射角,其折射定律可用下列数学式表示

$$\frac{c_L}{\sin\alpha_L} = \frac{c_{L2}}{\sin\beta_L} = \frac{c_{S2}}{\sin\beta_S} \tag{4-5}$$

在第二介质中,因 $c_{L2} > c_{S2}$,所以 $\sin\beta_L > \sin\beta_S$,$\beta_L > \beta_S$,横波折射声束总是位于纵波折射声束与法线之间。

2)横波斜入射的折射。横波在固体中斜入射至固-固、固-液介面时,其折射规律同样符合式(4-5)所示的形式,即可写成

$$\frac{c_S}{\sin\alpha_S} = \frac{c_{S2}}{\sin\beta_{S2}} = \frac{c_{L2}}{\sin\beta_L} \tag{4-6}$$

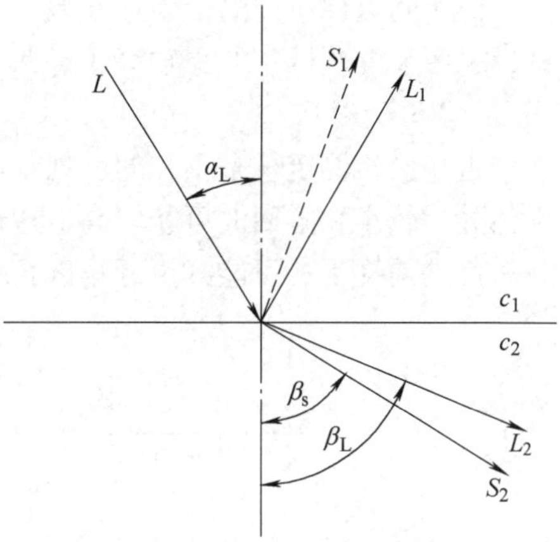

图 4-9 纵波斜入射

轨道交通行业常用的横波斜探头超声波检测时,即探头折射角指的是工件中产生的横波折射角,且一般是使工件中仅存在折射横波,利用声程、水平距离、深度以及折射角之间的三角函数关系,有助于缺陷的判定和定位。

知识点二：超声波的发射和接收

1. 超声波的发射和接收

广义上，凡是能将其他形式能量转换成超声波振动方式的能量都可用来发射超声波，如压电效应、电磁效应和热膨胀效应等。常规超声波检测，发射和接收超声波主要是基于逆压电效应和正压电效应。

（1）逆压电效应发射超声波　自然界中，某些电介晶体（如石英、锆钛酸铅、铌酸锂等），在电极面上施加高频交变电压时，晶体会在厚度方向伸长或缩短，产生机械振动而辐射出超声波，晶体的这种效应称为逆压电效应。超声波检测过程中发射超声波信号，即是压电材料上施加高频交变电压，产生机械波，经耦合剂传播至被检工件，实现发射超声波的目的。

（2）正压电效应接收超声波　自然界中，某些电介晶体（如石英、锆钛酸铅、铌酸锂等）受机械力后，在某一方向伸长（或缩短），使得晶体表面产生电荷效应而带正或负电荷，这种效应现象称为正压电效应。超声波检测过程中接收超声波信号，即是压电材料受振动后，在探头表面产生电荷效应，以电信号的形式在仪器上显示出来。

超声波检测过程中，具有逆压电、正压电效应，实现超声波和电脉冲之间的相互转换的器件称为超声波换能器，常称为探头。发射和接收纵波的为直探头，发射和接收横波的为斜探头。

2. 超声波近场区

波源附近由于波的干涉而出现一系列声压极大值、极小值的区域，称为超声场的近场区，又叫菲涅耳区。波源轴线上最后一个声压极大值至波源的距离称为近场区长度，用 N 表示：$N = D_s^2 / 4\lambda$。

近场区检测定量是不利的，处于声压极小值处的较大缺陷回波可能较低，而处于声压极大值处的较小缺陷回波可能较高，这样就容易引起误判，甚至漏检，因此一般是在保证检测灵敏度的前提下尽可能减少近场区长度和避免在近场区检测定量，如图 4-10 所示。

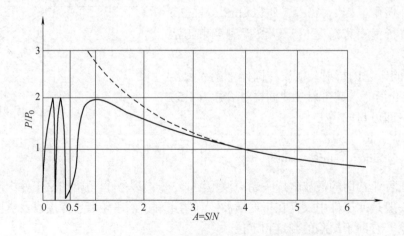

图 4-10　圆盘声源轴线上声压分布曲线

知识点三：超声波检测方法及应用

超声波检测技术主要用于检测原材料、焊接结构等制造过程中的内部缺陷，如气孔、夹杂物、裂纹等，也用于运用及检修部件的表面裂纹的检测。在轨道交通装备行业中，超声波检测主要应用于钢板、锻件和铸钢件等原材料内部缺陷检测，如车轴内部缺陷的检测和组织均匀性检测；还用于运用及检修部件的表面裂纹及内部失效缺陷的检测，如车轴外表面横向疲劳裂纹的检测，车轮内部辗裂的检测等。

超声波检测方法种类主要如下。

1. 按检测原理分类

按照原理可分为脉冲反射法、穿透法和共振法。

（1）脉冲反射法　超声波探头发射脉冲到被检工件内，根据发射波的情况来检测工件缺陷的方法，称脉冲反射法。包括：缺陷回波法、底波高度法（见图4-11）和多次底波法（见图4-12）。

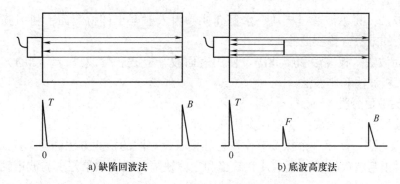

图4-11　缺陷回波法/底波高度法

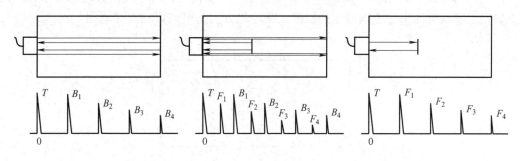

图4-12　多次底波法

（2）穿透法　依据脉冲或连续波穿透试件之后的能量变化来判断缺陷情况的一种方法，称穿透法（见图4-13）。

（3）共振法　若超声波在被检工件内传播，当工件的厚度为超声波的半波长的整数倍时，将引起共振，仪器显示出共振频率，但工件内存在缺陷或工件厚度发生变化时，将改变工件的共振频率。依据工件的共振特性，来判断缺陷情况和工件厚度变化情况的方法称共振法。

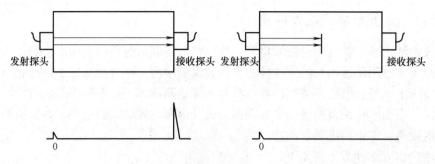

图4-13 穿透法

2. 按检测波形分类

按波形可分为纵波法、横波法、表面波法、板波法和爬波法。

（1）纵波法　使用直探头发射纵波进行检测的方法。包括：单晶探头反射法、双晶探头反射法和穿透法。

（2）横波法　将纵波通过楔块、水等介质倾斜入射至工件检测面，利用波形转换得到横波进行检测的方法，称横波法。

（3）表面波法、板波法和爬波法　使用表面波、板波和爬波进行检测的方法，分别称为表面波法、板波法和爬波法。

3. 按探头数目分类

按探头数目分为单探头法、双探头法和多探头法。

（1）单探头法　使用一个探头兼作发射和接收超声波的检测方法称为单探头法。

特点：对于与波束轴线垂直的片状缺陷和立体缺陷的检出效果好。与波束轴线平行的片状缺陷难以检出。

（2）双探头法　使用两个探头（一个发射，一个接收）进行检测的方法称为双探头法。其主要用于发现单探头法难以检出的缺陷。常用的方式是串列式扫查（见图4-14）。

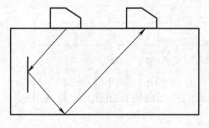

图4-14 串列式扫查

（3）多探头法　使用两个以上探头成对的组合在一起进行检测的方法，称为多探头法。例如：相控阵检测方法。

4. 按探头接触方法分类

（1）直接接触法　探头与工件探测面之间，涂有很薄的耦合剂层，这种检测方法称直接接触法。

（2）液浸法　将探头和工件浸于液体中以液体耦合剂进行检测的方法，称为液浸法。分为全浸没式和局部浸没式（喷液式、通水式、满溢式）。

知识准备（2）：超声波检测器材

知识点一：超声波检测仪器

超声波探伤仪是超声波检测的主体设备，它的作用是产生电振荡并加于换能器（探头）上，激励探头发射超声波，同时将探头接收的电信号进行放大，通过一定方式显示出来，从而得到被检工件内部有无缺陷及缺陷位置和大小等信息。

目前使用最广泛的是脉冲波探伤仪，即仪器通过探头向工件周期性地发射不连续且频率不变的超声波，根据超声波的传播时间及幅度判断工件中缺陷位置和大小。

1. 按缺陷显示方式分类

（1）A 型显示探伤仪　A 型显示是一种波形显示，探伤仪荧光屏的横坐标代表声波的传播时间（或距离），纵坐标代表反射波的幅度。由反射波的位置可以确定缺陷位置，由反射波的幅度可以估算缺陷大小。

（2）B 型显示探伤仪　B 型显示是一种图象显示，探伤仪荧光屏的横坐标是靠机械扫描来代表探头的扫查轨迹，纵坐标是靠电子扫描来代表声波的传播时间（或距离），因而可直观地显示出被检工件任一纵截面上缺陷的分布及缺陷的深度。

（3）C 型显示探伤仪　C 型显示也是一种图象显示，探伤仪荧光屏的横坐标和纵坐标都是靠机械扫描来代表探头在工件表面的位置。探头接收信号幅度以光点辉度表示，因而，当探头在工件表面移动时，荧光屏上便显示出工件内部缺陷的平面图象，但不能显示缺陷深度。

A 型、B 型、C 型三种显示分别如图 4-15 所示。

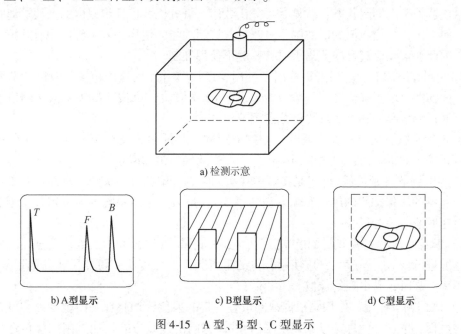

图 4-15　A 型、B 型、C 型显示

2. 按通道分类

（1）单通道探伤仪　这种仪器由一个或一对探头单独工作，是目前超声波检测中应用最广泛的仪器。

（2）多通道探伤仪　这种仪器由多个或多对探头交替工作，每一通道相当于一台单通道探伤仪，适用于自动化检测。

3. 按信号处理方式分类

各种探伤仪均由以下几个主要部分组成：同步电路、扫描电路、发射电路、接收电路、显示电路和电源电路等。但根据信号处理方式不同，可分为模拟式和数字式超声波探伤仪。

4. 超声波探伤仪器主要按钮功能及其调整

（1）工作方式选择　即"双探头"或"单探头"方式，双探头为一发一收工作状态，可以连接一个双晶探头或者两个单探头方式探测；单探头为仅连接单个探头方式进行探测。

（2）频率选择　即选择检测用频率范围覆盖探头频率；频率范围应与选用探头相一致。

（3）通道和发射强度选择　一般数字式超声波探伤仪会有通道选择按钮，主要是用于区分和存储选用的参数；发射强度的作用是改变仪器的发射脉冲功率，在检测灵敏度能满足要求的情况下，发射强度旋钮应尽量放在较低的位置。

（4）衰减器调节　衰减器调节的作用是调节检测灵敏度和测量回波振幅。调节灵敏度时，衰减器读数大，灵敏度低；衰减器读数小，灵敏度高。在无损检测工作中，利用衰减器可控制仪器的灵敏度，测量信号的相对高度，用以判断缺陷的大小，或测量材料的衰减等。

（5）增益调节　增益调节的作用是改变接收放大器的放大倍数，进而连续改变检测仪的灵敏度。在无损检测工作中，仪器灵敏度调节完成后，检测过程中一般不再调整增益；增益主要是以分贝显示测量反射波幅度的相对大小。

（6）抑制调节　主要用来抑制杂波即噪声，以提高信噪比。通常抑制数据显示为00%时，表示仪器处于无抑制状态；若显示百分比数值，百分比数值标识以内的杂波被滤掉，不予显示，而大于百分比数值的回波则不被改变。抑制功能的使用，实际检测中有漏掉小缺陷的危险，因此，信噪比满足检测需求时，一般不使用抑制。

（7）检测范围调节　应根据被检测工件的厚度调节合适的检测范围，范围调节不会改变回波之间的相对位置和幅度。一般应能显示 1~2 次底波（纵波直探头）或 2 倍以上声程范围，可通过调节脉冲移位实现检测范围调节。

（8）声速和折射角（K值）调节　根据波形和材料的声速调节声速值，对于斜探头还需要调节斜探头的折射角；但这两项指标，一般需要经过测试确定。

（9）零点调节（延迟调节）　是指调节探头的零点，即调节探头的压电晶片到工件表面的距离（包括探头保护膜的厚度和耦合剂的厚度），是为了满足缺陷的准确定位。零点调节一般与声速调节一并进行。

（10）脉冲重复频率调节　是指改变发射电路每秒钟发射脉冲的次数。重复频率要视被检工件厚度进行调节，厚度大，应使用较低的重复频率；厚度小，可使用较高的重复频率；但重复频率过高时，易出现幻像波。

（11）闸门调节　闸门作用是根据缺陷位置，将缺陷位置调整在闸门范围内，可自动读取缺陷的声程、位置等信息。可选择单闸门读数/双闸门读数方式，通过闸门移位选择闸门 A 或 B 的起始位置，闸门高度调节至相应高度。

知识点二：超声波探头

1. 探头种类

超声波检测用探头的种类较多，下面主要介绍轨道交通领域常用的压电式纵波探头、横波探头、双晶直探头、小角度探头等，如图4-16所示。

（1）直探头（纵波探头）　直探头用于发射和接收纵波，故又称为纵波探头。直探头主要用于检测与检测面平行的缺陷，如板材、锻件、铸钢件等。

（2）斜探头（横波斜探头）　横波斜探头是利用横波无损检测，主要用于检测与检测面垂直或成一定角度的缺陷，如焊缝无损检测、车轴表面裂纹无损检测等。

（3）双晶探头（分割探头）　双晶探头有两块压电晶片，一块用于发射超声波，另一块用于接收超声波，常用纵波双晶直探头。双晶探头灵敏度高、工件中近场区小，适用于近表面缺陷检测。

a) 直探头　　　　b) 斜探头　　　　c) 双晶直探头　　　　d) 小角度探头

图4-16　探头结构示意图

2. 探头型号

（1）探头型号　探头型号组成项目及排列顺序如下：基本频率→晶片材料→晶片尺寸→探头种类→探头特征。

1）基本频率：用阿拉伯数字表示，单位为MHz。

2）晶片材料：用化学元素缩写符号表示，见表4-3。

表4-3　晶片材料代号

压电材料	代号
锆钛酸铅陶瓷	P
钛酸钡陶瓷	B
钛酸铅陶瓷	T
铌酸锂单晶	L
碘酸锂单晶	I
石英单晶	Q
其他压电材料	N

3）晶片尺寸：用阿拉伯数字表示，单位为mm；其中圆晶片用直径表示；方晶片用长×宽表示；分割探头晶片用分割前的尺寸表示。

4）探头种类：用汉语拼音缩写字母表示，见表4-4，直探头也可不标出。

表 4-4 探头种类代号

种 类	代 号
直探头	Z
斜探头（用 K 值表示）	K
斜探头（用折射角表示）	X
分割探头	FG
水浸聚焦探头	SJ
表面波探头	BM
可变角探头	KB

5）探头特征：斜探头钢中折射角正切值（K 值）用阿拉伯数字表示；钢中折射角用阿拉伯数字表示，单位为（°）。分割探头钢中声束交区深度用阿拉伯数字表示，单位为 mm。水浸探头水中焦距用阿拉伯数字表示，单位为 mm。DJ 表示点聚焦，XJ 表示线聚焦。

（2）举例　如图 4-17 所示。

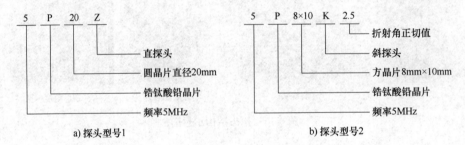

图 4-17　探头型号

知识点三：超声波检测试块

试块是指具有特定人工反射体，按照一定用途设计制作的具有简单形状的试样，可用于确定检测灵敏度、测试仪器和探头性能、调整检测参数和评定缺陷当量大小等。试块和仪器、探头一样，是超声波检测中的重要器材。

1. 试块的分类

（1）标准试块　标准试块是由权威机构制定的试块，试块材质、形状、尺寸及表面状态均由权威部门统一规定。如国际焊接学会 IIW 试块和 IIW2 试块。

（2）参考试块　参考试块是由各单位按某些具体检测对象制定的试块。如 CS-1 试块、CSK-1A 试块等。

（3）模拟试块　是指含有模拟缺陷的试块，可由自然缺陷而制作的试块，或由人工模拟自然缺陷制作的试块。如检修车轴用的试块。

2. 国内外常用试块

（1）标准试块

1）IIW 试块（荷兰试块）：IIW 试块结构尺寸如图 4-18 所示，主要用途如下：

第一，调整纵波探测范围和扫描速度（时基线比例）：利用试块上 25mm 或 100mm。

模块四　超声波检测

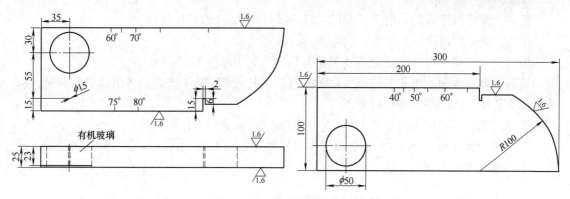

图 4-18　ⅡW 试块

第二，测仪器的水平线性、垂直线性和动态范围：利用试块上 25mm 或 100mm。

第三，测直探头和仪器的分辨力：利用试块上 85mm、91mm 和 100mm。

第四，测直探头和仪器组合后的穿透能力：利用 ϕ50mm 有机玻璃块底面的多次反射波。

第五，测直探头与仪器的盲区范围：利用试块上 ϕ50mm 有机玻璃圆弧面与侧面间距 5mm 和 10mm。

第六，测斜探头的入射点：利用试块上 R100mm 圆弧面。

第七，测斜探头的折射角：折射角在 35°~76°内用 ϕ50mm 孔测，折射角在 74°~80°内用 ϕ1.5mm 圆孔。

第八，测斜探头和仪器的灵敏度余量：利用试块 R100mm 或 ϕ1.5mm。

第九，调整横波探测范围和扫描速度：由于纵波声程 91mm 相当于横波声程 50mm，因此可以利用试块上 91mm 来调整横波的探测范围和扫描速度。例如，横波 1∶1，先用直探头对准 91mm 底面，使底波 B_1、B_2 分别对准 5 格、10 格；然后，换上横波探头并对准 R100mm 圆弧面，找到最高回波，并调至 10 格即可。

第十，测斜探头声束轴线的偏离：利用试块的直角棱边。

2）ⅡW2 试块（牛角试块）：ⅡW2 试块的结构尺寸和反射特点如图 4-19 所示，主要用途如下：

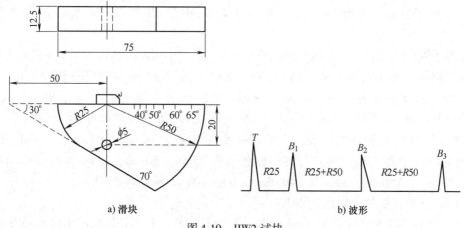

a) 滑块　　　　　　　　　　　　　　　b) 波形

图 4-19　ⅡW2 试块

第一，测定斜探头的入射点：利用 $R25$ mm 与 $R50$mm 圆弧反射面。

第二，测定斜探头的折射角：利用 $\phi 5$mm 横通孔。

第三，测定仪器水平、垂直线性和动态范围：利用厚度 12.5mm。

第四，调整探测范围和扫描速度：纵波直探头利用 12.5mm 底面的多次反射波调整，横波斜探头利用 $R25$mm 和 $R50$mm 调整。

第五，测仪器和探头的组合灵敏度：利用 $\phi 5$mm 或 $R50$mm 圆弧面。

3）CSK-1A 试块：CSK-1A 试块结构及主要尺寸如图 4-20 所示，是在 IIW 试块基础上进行以下功能改进。

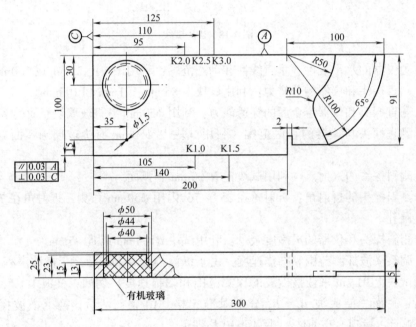

图 4-20　CSK-1A 试块

第一，在直孔 $\phi 50$mm 上，增加了 $\phi 44$mm、$\phi 40$mm 两个台阶孔，用于测定横波斜探头的分辨力。

第二，将 $R100$mm 改为 $R100$mm、$R50$mm 阶梯圆弧，用于调整横波扫描速度和探测范围。

4）CS-1 和 CS-2 试块（平底孔标准试块）：CS-1 试块结构如图 4-21a 所示，平底孔直径分别为 $\phi 2$mm、$\phi 3$mm、$\phi 4$mm、$\phi 6$mm、$\phi 8$mm 5 种，其中 $\phi 2$mm、$\phi 3$mm 声程分别为 50mm、75mm、100mm、150mm、200mm 各 5 块；$\phi 4$mm、$\phi 6$mm 声程分别为 50mm、75mm、100mm、200mm、250mm 各 6 块；$\phi 8$mm 声程分别为 100mm、150mm、200mm、250mm 共 4 块，共 26 块。

CS-2 试块结构如图 4-21b 所示，平底孔直径分别为 $\phi 2$mm、$\phi 3$mm、$\phi 4$mm、$\phi 6$mm、$\phi 8$mm 和无限大（大平底）共 6 种，声程分别为 25mm、50mm、75mm、100mm、125mm、150mm、200mm、250mm、300mm、400mm、500mm 共 11 种，共 66 块。

CS-1 和 CS-2 试块的主要用途如下：

第一，测试纵波平底孔距离-波幅曲线，即 DAC 曲线：利用各试块的平底孔和大平底。

第二，调整检测灵敏度：利用大平底或平底孔。

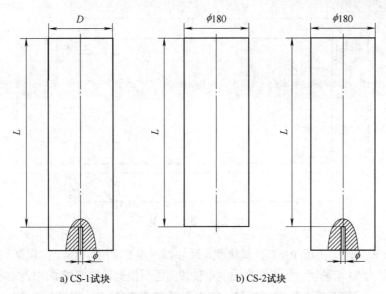

a) CS-1试块   b) CS-2试块

图 4-21 CS-1 与 CS-2 试块

第三，对缺陷定量：利用试块上各平底孔。多用于 $3N$ 以内的缺陷定量。

第四，测仪器的水平线性、垂直线性和动态范围：用大平底或平底孔。

第五，测直探头与仪器的组合性能：如灵敏度余量，可用 CS-1-5 试块。

（2）参考试块

1）RB 试块：该试块上加工有 $\phi 3mm$ 横通孔，试块的材质与被检工件相同或相近，形状尺寸如图 4-22 ~ 图 4-24 所示，RB 试块主要用于焊缝检测灵敏度确定。

图 4-22 RB-1 试块

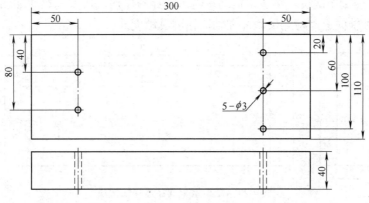

图 4-23 RB-2 试块

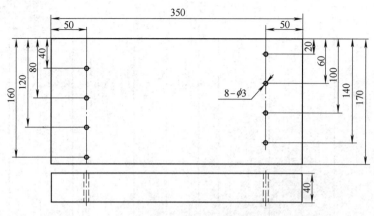

图 4-24　RB-3 试块

2）TS-1（W）试块：TS-1（W）试块型式尺寸如图 4-25 所示。TS-1 试块材质为 40 车轴钢，TS-1W 试块材质为 50 车轴钢；主要用来确定车轴轴向透声检测灵敏度和轴向检测灵敏度。

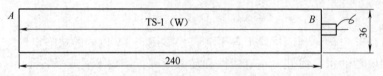

图 4-25　TS-1（W）试块

3）车轴径向探伤试块：轨道车辆动车组车轴穿透探伤试块型式尺寸如图 4-26 所示，主要用来确定车轴径向透声检测灵敏度和径向内部缺陷检测灵敏度。

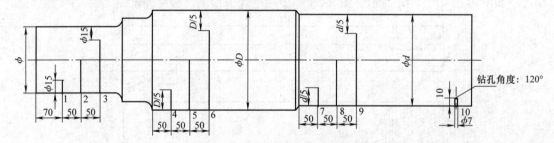

图 4-26　动车组车轴径向探伤试块

4）车轴穿透探伤试块：轨道车辆动车组车轴穿透探伤试块型式尺寸如图 4-27 所示，主要用来确定车轴轴向透声检测灵敏度和轴向检测灵敏度。

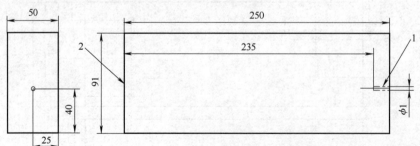

图 4-27　动车组车轴穿透探伤试块
1、2—缺陷

(3) 实物对比试块

1) 空心车轴检修探伤试块：轨道车辆动车组空心车轴检修探伤试块型式尺寸如图 4-28 所示，主要用来确定车轴表面横向疲劳裂纹检测灵敏度和内部缺陷检测灵敏度，以及对探伤程序进行校准。

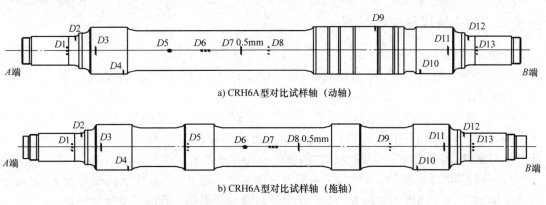

图 4-28 动车组空心车轴检修实物对比试块

2) 实心车轴镶入部探伤试块：轨道车辆实心车轴镶入部探伤试块型式尺寸如图 4-29 所示，主要用来确定车轴表面横向疲劳裂纹检测灵敏度。

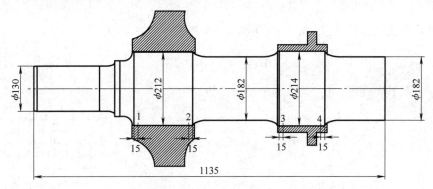

图 4-29 实心车轴镶入部探伤试块

知识点四：超声波检测耦合剂

1. 耦合剂的作用

在探头与工件之间施加的一层透声介质称为耦合剂。耦合剂作用是排除探头与工件表面之间的空气，使超声波能有效地进入工件，提高声强透射率；此外，耦合剂还有减少摩擦的作用，可减小探头磨损。

2. 耦合剂要求

一般耦合剂应满足以下要求：① 能润湿工件和探头表面，流动性、黏度和附着力适当，容易去除。② 声阻抗高，透声性能好。③ 对工件无腐蚀，对人体无害，不污染环境。④ 性能稳定，不易变质并能长期保存。

3. 常用耦合剂

超声波检测常用的耦合剂有机油、水、水玻璃和甘油等。超声波检测时确定灵敏度时用的耦合剂应与工件检测时用的耦合剂相同。

项目一：超声波检测性能测试

任务一：超声波探伤仪性能测试

1. 水平线性

（1）工具　使用2.5P20Z直探头和IIW、CSK-1A型或相似功能标准试块。

（2）测试方法

1）连接好直探头，将直探头置于IIW、CSK-1A型或相似功能标准试块上（见图4-30），调节仪器相关按钮及参数，使荧光屏上出现6次无干扰的底面反射波，将第1次底面反射波B_1和第6次底面反射波B_6的幅度分别调整到垂直满刻度的50%。

2）分别使第1次底面反射波B_1的前沿对准水平刻度0，第6次底面反射波B_6的前沿对准水平刻度10（调整中如果B_1和B_6的前沿位置相互影响，则应反复进行调整）。

3）在此基础上，再依次将第2~第5次底面反射波B_2、B_3、B_4和B_5的幅度分别（不是同时）调整到垂直满刻度的50%（见图4-30），并分别读取底面反射波B_2、B_3、B_4和B_5的前沿与水平刻度2、4、6、8的偏差L_2、L_3、L_4和L_5，记入水平线性误差记录表中，见表4-5。

4）然后取其最大值L_{max}，水平线性误差ΔL按式（4-7）计算

$$\Delta L = \frac{|L_{max}|}{b} \times 100\% \tag{4-7}$$

式中　b——水平满刻度，L_{max}与b的单位应一致。

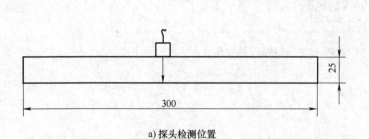
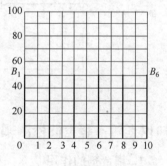

a) 探头检测位置　　　　　　　　　　b) 反射波示意

图4-30　水平线性检测

表4-5　水平线性误差记录表

反射波次数	B_1	B_2	B_3	B_4	B_5	B_6
理想位值	0	2	4	6	8	10
实测位值						
误差值 L						

注：表中实测值为假设值，最大误差：$\Delta L = 1\%$。

2. 垂直线性

（1）工具　使用2.5P20Z直探头和CS-1-5型标准试块。

（2）测试方法

1）连接好直探头，将探头置于CS-1-5型试块上（见图4-31），调节仪器相关按钮及参数，使CS-1-5试块上$\phi 2mm$平底孔或底面反射波位于水平刻度中央，其波高达到满刻度，并留30dB衰减余量，抑制为00%。

2）逐次进行衰减，每次衰减量为2dB，直至衰减量为26dB，将每次衰减后的反射波高度记录于垂直线性测定记录表中（见表4-6）。

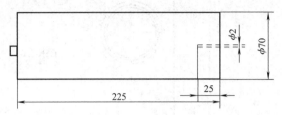

图4-31　直探头放置示意

3）取实测值与理论值的最大正偏差$\alpha(+)$和最大负偏差$\alpha(-)$的绝对值之和为垂直线性误差$\Delta\alpha$，如式（4-8）所示。

$$\Delta\alpha = |\alpha(+)| + |\alpha(-)| \tag{4-8}$$

式中　$\Delta\alpha$——垂直线性误差（%）；

$\alpha(+)$——与理论值的最大正偏差值；

$\alpha(-)$——与理论值的最大负偏差值。

表4-6　垂直线性测定记录表

衰减量/dB	理论值（%）	实测值（%）	误差值（%）	衰减量/dB	理论值（%）	实测值（%）	误差值（%）
0	100			16	15.8		
2	79.4			18	12.5		
4	63.1			20	10		
6	50.1			22	7.9		
8	39.8			24	6.3		
10	31.6			26	5		
12	25.1			28			
14	20.1			30			

注：表中数值为假设值，其理论值为计算值。从表中找出最大偏差值后计算垂直线性误差。

任务二：探头性能测试

1. 斜探头入射点和前沿测试

1）将探伤仪水平范围调整至125mm，调节探头声速为3230m/s。

2）斜探头放置在IIW或CSK-1A型试块上，如图4-32所示，前后移动探头，使$R100mm$圆弧面反射波高达最高值时，保持探头不动，在与试块"0"刻度对应的探头侧面作标记，该点即为探头的入射点。一般使用油漆笔在探头上标识入射点位置。

3）调节闸门位置，使闸门套住$R100mm$圆弧部位回波；调节探头延迟，使$R100mm$圆弧部位回波声程为100mm。

4）使用计量合格的钢直尺，测量IIW试块端头至探头的距离L，"$100-L$"即为探头的前沿X，将该值输入至超声波探伤仪中。

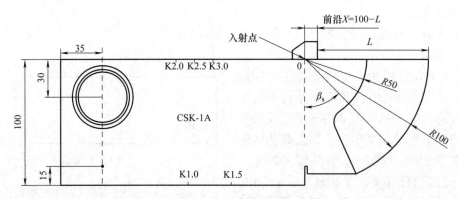

图 4-32 斜探头放置示意

2. 斜探头 K 值（折射角 β_s）**测试**

1）使用 IIW 或 CSK-1A 型试块上 $\phi 50$mm 或 $\phi 1.5$mm 横孔来测定（见图 4-33）。

2）β_s 为 35°~60°（$K = 0.7 \sim 1.73$）测试：探头置于 B 位置，对准试块上 $\phi 50$mm 横孔，找到最高回波，并测出探头前沿至试块端面的距离 L，则有

$$K = \tan\beta_s = \frac{L + l_0 - 35}{70} \tag{4-9}$$

3）β_s 为 60°~75°（$K = 1.73 \sim 3.73$）测试：探头置于 C 位置，对准试块上 $\phi 50$mm 横孔，找到最高回波，并测出探头前沿至试块端面的距离 L，则有

$$K = \tan\beta_s = \frac{L + l_0 - 35}{30} \tag{4-10}$$

4）β_s 为 75°~80°（$K = 3.73 \sim 5.67$）测试：探头置于 D 位置，对准试块上 $\phi 1.5$mm 横孔，找到最高回波，并测出探头前沿至试块端面的距离 L，则有

$$K = \tan\beta_s = \frac{L + l_0 - 35}{15} \tag{4-11}$$

5）上述式中 β_s 由下式求得

$$\beta_s = \arctan K \tag{4-12}$$

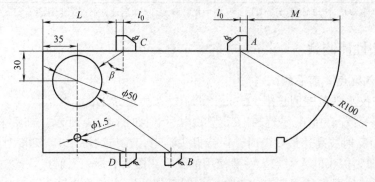

图 4-33 K 值测试示意

3. 声束偏斜角

直探头和斜探头均可能存在声轴的偏移，常用轴线上声压下降 6dB 时探头移动距离

（即某处的声束宽度）来表示。

（1）直探头　先在直探头圆周四个对称位置上作出标记 $+X$、$-X$、$+y$、$-y$，再将探头对准试块上的声程为 $2N$ 左右的某横通孔，找到最高回波，然后沿 $X-X$ 方向平行移动探头，测出横通孔回波下降 6dB 时探头移动距离 W_{-x}、W_{+x}，如图 4-34 所示；用同样方法测出 $y-y$ 方向的探头移动距离 W_{-y}、W_{+y}。

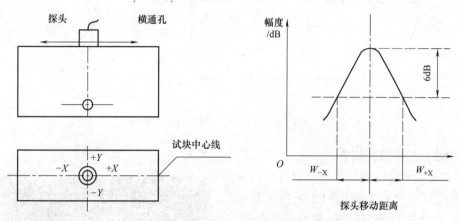

图 4-34　直探头声束特性测试

（2）斜探头　斜探头声束扩散特性在不同方向上是不同的，这里仅介绍斜探头左右检查时声束的情况。先将探头放在 40mm 厚的试块上，如图 4-35 所示，移动探头找到 ϕ4mm 竖通孔最高回波，并在试块上标记探头中心 O 点，然后使探头在 O 点左右移动，找到使 ϕ4mm 回波下降 6dB 时的移动距离 W_{+y}、W_{-y}。

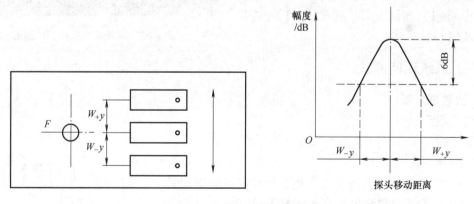

图 4-35　斜探头声束特性测试

任务三：测距标定

1. 纵波扫描速度的调节

1）纵波检测一般按纵波声程来调节扫描速度。

2）具体调节方法是：将纵波探头对准厚度适当的平底面或曲底面，使两次不同的底波分别对准相应的水平刻度值。

3）示例：纵波声程 1∶2 调节时间扫描线过程，将探头置于 CSK-1A 试块上对准厚为 100mm 的底面，使 B_1 波前沿调至示波屏 5 格，B_2 波前沿调至示波屏 10 格，即完成了纵波声程 1∶2 的调节，如图 4-36 所示，此时最大检测范围为 200mm。

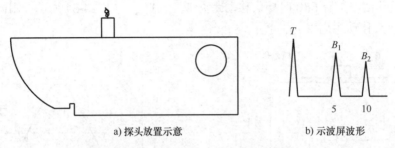

a) 探头放置示意　　　　　b) 示波屏波形

图 4-36　纵波声程 1∶2 调节时间扫描线

2. 横波扫描速度的调节

1）横波检测时，缺陷位置可由折射角 β 和声程 x 来确定，也可由缺陷的水平距离和深度来确定。一般横波扫描速度的调节方法有三种：声程调节法、水平调节法和深度调节法。

2）以声程调节法 1∶1 调节时间扫描线过程为例：将探头置于 CAK-1A 试块上，入射点对准圆弧圆心，使 R50mm（B_1）、R100mm（B_2）反射波最高，使 B_1 波前沿调至示波屏 5 格，B_2 波前沿调至示波屏 10 格，调整至反射波幅等高，此时完成横波扫描速度 1∶1 的调节，如图 4-37 所示。

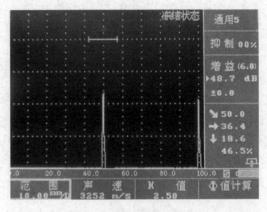

图 4-37　声程调节横波扫描速度

任务四：系统性能测试

1. 灵敏度余量

（1）直探头灵敏度余量

1）使用 2.5P20Z 直探头和 CS-1-5 型标准试块。

2）测试方法：

第一，调节仪器相关按钮及参数，使仪器灵敏度置最大，若此时仪器的电噪声电平高于满幅度的 10%，则调节增益或衰减，使电噪声电平等于满幅度的 10%，记下此时增益或衰减器的读数 S_0。

第二，连接好直探头并置于 CS-1-5 型试块端面上（见图 4-38），探测 200mm 处的 ϕ2mm 平底孔，移动探头找出 ϕ2mm 平底孔反射的最高波，并用增益或衰减器将反射波调整到垂直满幅度的 50%，记下此时增益或衰减器的读数 S_1。

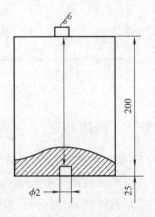

图 4-38　直探头灵敏度余量测定

第三，该探头与仪器的灵敏度余量 S 为
$$S = S_1 - S_0 (\text{dB}) \tag{4-13}$$

（2）斜探头灵敏度余量的测试

1）使用斜探头和 IIW 或 CSK-1A 型标准试块。

2）测试方法：

第一，调整增益至最大，"抑制"至"0"，发射强度至"强"，连接探头并悬空，记下电噪声电平≤10%的衰减量 N_1。

第二，探头置于 IIW 或 CSK-1A 试块上，如图 4-39 所示，记下使 $R100\text{mm}$ 圆弧面的第 1 次反射波最高达 50% 时的衰减量 N_2。则仪器与斜探头的灵敏度余量 N 为

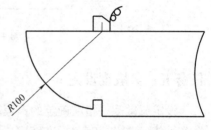

图 4-39 斜探头灵敏度余量测定

$$N = N_2 - N_1 (\text{dB}) \tag{4-14}$$

第三，一般要求仪器和斜探头的灵敏度余量≥40dB。

2. 分辨力测试

1）使用 2.5P20Z 直探头和 CSK-1、CSK-1A 或 JIS-STB-A1 型标准试块。

2）测试方法 1：

第一，调节仪器相关按钮及参数，连接探头并置于 CSK-1、CSK-1A 或 JIS-STB-A1 型标准试块上，探测声程分别为 85mm 和 91mm 反射面的反射波（见图 4-40），移动探头使两波等高。

第二，改变灵敏度使两波波幅同时达到满幅的 100%，然后测量波谷高度 h，则该探头的分辨力 R 用式（4-15）计算

$$R = 20\lg(100/h) \tag{4-15}$$

若 $h=0$ 或两波能完全分开，则取 $R>30\text{dB}$。

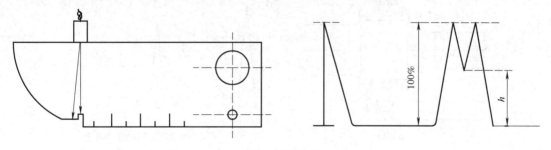

图 4-40 直探头分辨力测定方式 1

3）测试方法 2：

第一，将探头压在 CSK-1A 试块上（见图 4-41），调整仪器相关按钮及参数，移动探头，使来自 A、B 两个面的回波幅度相等并约为 20%~30% 满刻度，如图 4-41 中 h_1。

第二，调整增益或衰减器使 A、B 两波峰间的波谷 h_2 上升到原来的波峰 h_1 的高度，此时衰减器所释放的 dB 数（等于用衰减器读出的缺口深度 h_1/h_2 之值）即为分辨力；示波屏上出现 85mm、91mm、100mm 位置的三个反射回波为 A、B、C。

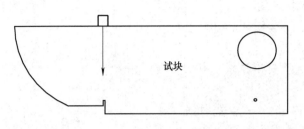
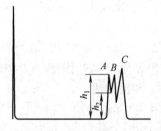

图 4-41 直探头分辨力测定方式 2

任务五：灵敏度设定

设定灵敏度是指在确定的声程范围内发现工件中规定大小缺陷，并对缺陷定量，一般根据产品技术要求或有关标准确定。

工件在实际无损检测中，为了提高扫查速度且不引起漏检，常常将检测灵敏度适当提高，称为扫查灵敏度。

灵敏度的设定常用方法有试块调整法和工件底波调整法等，下面以试块调整法为例作一介绍。

（1）调节方法　根据标准和被检工件对灵敏度的要求，选择相对应的试块，将探头对准试块上相应的人工缺陷，调节仪器的增益按钮，使示波屏上人工缺陷的最高反射回波达到基准波高，仪器显示的增益值，即为调节好的灵敏度。

（2）示例　车轴轮座轴端超声波检测时灵敏度调节方法是：将小角度探头置于轴端面上，移动探头找到人工缺陷反射波，调节增益按钮，使人工缺陷的最高反射波达满屏幕的 80%，即为调节好的基准灵敏度（见图 4-42）；为了提高缺陷检出率，补偿耦合差，一般增加 4~6dB 增益值，作为检测灵敏度或扫查灵敏度。

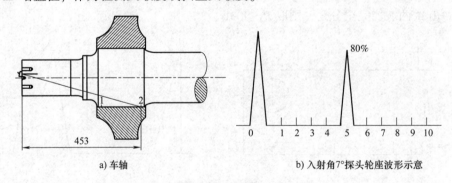

a) 车轴　　　　　　　　　　b) 入射角7°探头轮座波形示意

图 4-42 试块调整法

项目二：超声波检测实施

任务一：预处理

（1）检测要求确认　超声波检测前应确认检测时机、检测比例符合工艺规程或标准要求；确定检测面能够满足超声波检测扫查范围的要求。

（2）工件表面处理　被检工件表面质量应经外观检查合格。探头经过的检测面上不应有影响检测的油漆、锈蚀、飞溅和污物等，表面粗糙度应符合要求。

（3）仪器状态确认　连接超声波探伤仪和探头，确认超声波探伤仪、探头等状态良好，无干扰波，能够满足检测要求。

任务二：仪器调节

1. 仪器和探头参数调节

（1）仪器　根据检测工艺要求，在仪器中选择合适的检测通道，探头模式（直探头/斜探头等），激励/接收模式（单/双探头模式）。

（2）探头参数调节

1）声速调节：根据波形在各种材料的声速在仪器声速栏选择或调节，参见表4-1。

2）探头频率调节：将探头标称频率调节/输入至仪器频率栏。

3）探头尺寸调节：根据探头晶片形式和尺寸，在探头尺寸栏输入探头晶片尺寸。

2. 调节检测范围

（1）探测范围（时基范围）调节　探测范围的调节根据被检工件厚度（或者超声波声程）来确定，一般能够发现纵波直探头2次底波或横波斜探头1.5倍跨距声程。

（2）仪器校准　使用CSK-1A试块进行仪器校准。

1）直探头仪器校准：将探头置于CSK-1A试块的厚度100mm的面上，调节时基范围使屏幕上出现一次和二次回波，调节增益使一次最高底波至满屏幕的80%，调节零偏直到一次波对齐100mm位置，且二次波对齐200mm位置后，仪器校准完毕，如图4-43所示。

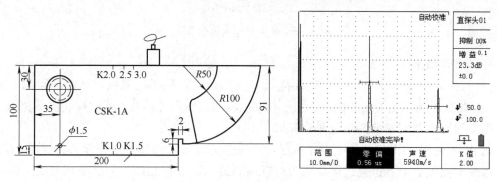

图4-43　仪器校准

2）横波斜探头仪器校准：将探头放置在CSK-1A试块上，发射方向对准$R50$mm和$R100$mm的弧面上，如图4-44所示。前后移动探头找出$R100$mm弧面最高反射回波，调节增益使$R100$mm弧面最高反射回波至满屏幕的80%；平移探头使$R50$mm弧面在屏幕上达到20%以上的高度，调节零偏使$R50$mm、$R100$mm的圆弧分别对应50mm、100mm（仪器具有自动校准功能，亦可按自动校准，实现自动调节零偏），仪器校准结束。在探头上标记中心位置，即为探头的入射点；采用钢直尺测试探头前沿（$100-L$），并将测试的前沿输入仪器，即完成探头前沿的调节。按照项目一任务二（探头性能测试）：第2条斜探头K值测试方法实测探头的折射角（K值），并将上述内容输入至仪器中。

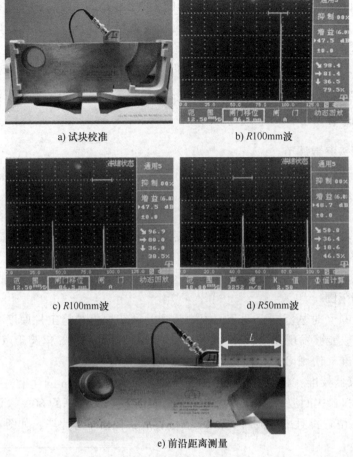

a) 试块校准　　b) R100mm波

c) R100mm波　　d) R50mm波

e) 前沿距离测量

图 4-44　横波斜探头仪器校准

3. 调节灵敏度

（1）DAC 调节　DAC 曲线（距离-波幅曲线）是一种描述反射点至波源的距离、回波高度及当量大小间相互关系的曲线。大小相同的缺陷由于距离不同，回波高度也不相同。因此，距离-波幅曲线对缺陷的定量非常有用。

以 RB-1 为例介绍 DAC 曲线制作流程：将探伤仪调至 DAC 曲线制作模式，如图 4-45 所示。将探头放置于①号位置，移动探头将探测到的 ϕ3mm 横孔最大反射波高调整到满屏的 80% 位置，在屏幕上做好标定点；依次将探头放置于②、③…位置，直至探头在试块上 ϕ3mm 横孔的声程大于被检工件的声程时，将每次探测到的 ϕ3mm 横孔最大反射波高分别在屏幕上做好标定点。将各点连接成曲线，即为 DAC 曲线，DAC 曲线不低于满屏的 20%；DAC 曲线对应的增益值为基准灵敏度。

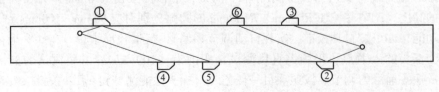

图 4-45　DAC 曲线制作模式

(2) 表面补偿值测量　超声波检测工件时，反射波幅度受材质衰减和工件表面声能损失（表面粗糙度、耦合情况等）两个因素影响。对普通碳素钢或低合金钢材料，材质衰减可以不予考虑，因此，应主要考虑被检工件表面声能损失问题，具体测试方法如下。

1）采用工件检测中使用的斜探头，按深度比例调节仪器时基扫描。

2）选用另一只与该探头尺寸、频率、角度相同的斜探头，两探头按图4-46所示方向置于对比试块侧面上，两探头入射点间距离为1P仪器调为一发一收状态。

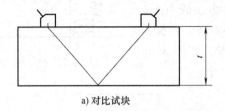 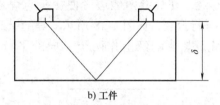

a) 对比试块　　　　　　　　　b) 工件

图4-46　传输损失差的测定

3）在对比试块上，找到接收波最大反射波幅，记录其波幅值 H_1（dB）。

4）不改变灵敏度，在被检工件上（不通过焊缝）同样测出接收波最大反射波幅，记录其波幅值 H_2（dB）。

5）传输损失差 ΔV（表面补偿值）见式（4-16）～式（4-20）

$$\Delta V = H_1 - H_2 - \Delta_1 - \Delta_2 \tag{4-16}$$

$$\Delta_1 = 20\log(S_2/S_1) \tag{4-17}$$

$$S_1 = \frac{2t}{\cos\beta} \tag{4-18}$$

$$S_2 = \frac{2\delta}{\cos\beta} \tag{4-19}$$

$$\Delta_2 = 2(\alpha_\delta \delta - \alpha_t t)/\cos\beta \tag{4-20}$$

式中　Δ_1——不考虑材质衰减时，声程 S_1、S_2 反射波幅dB差，可用公式 $20\log(S_2/S_1)$ 计算或从探头的距离-波幅曲线上查得（dB）；

　　　S_1——在对比试块中的声程（mm）；

　　　S_2——在工件母材中的声程（mm）；

　　　Δ_2——试块中声程 S_1 时与工件中声程 S_2 时的超声材质衰减差值（dB）；

　　　α_δ——声波在工件中的衰减系数（dB/mm）；

　　　α_t——声波在试块中的衰减系数（dB/mm）。如试块按图4-46测量材质衰减系数小于0.01dB/mm，此项可以不予考虑。

(3) 扫查灵敏度　为了便于发现缺陷，在DAC曲线的增益值基础上，应增加表面补偿值后，再增益6dB，即为扫查灵敏度。

任务三：扫查

1. 扫查方式

扫查是用正确的方式，使超声波能够完全覆盖检测区域，以检出缺陷。扫查方式有多种，以焊缝为例介绍如下。

(1) 锯齿形扫查 此为手工超声波检测中最常用的扫查方式，斜探头应垂直于焊缝中心线放置在检测面上，探头前后移动的范围，应能保证扫查到全部焊缝截面，探头扫查重叠率应大于探头晶片尺寸的15%。在保持探头垂直于焊缝前后移动时，还应作10°~15°的左右转动，如图4-47所示。

(2) 斜平行和平行扫查 主要用于检测横向缺陷；对于非打磨焊缝，在焊缝两侧边缘使探头与焊缝中心线成10°~20°作斜平行扫查，如图4-48所示；焊缝余高磨平时，将探头放在焊缝及热影响区上作两个方向的平行扫查，如图4-49所示。

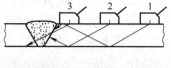
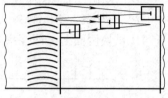

图4-47 锯齿形扫查

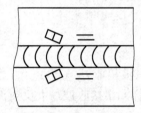

图4-48 斜平行扫查

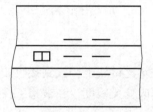

图4-49 平行扫查

(3) 前后、左右、转角、环绕扫查 为确定缺陷的位置、方向和形状，观察缺陷动态波形和区分缺陷信号或伪缺陷信号，如图4-50所示。

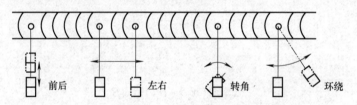

图4-50 前后、左右、转角、环绕扫查

2. 扫查速度和扫查间距

(1) 扫查速度 是指探头与检测面相对运动的速度；扫查速度应适中，保证检测人员能分辨清楚荧光屏上的反射回波。焊缝手工检测的扫查速度一般≤150mm/s。

(2) 扫查间距 是指相邻探头移动路线之间的距离，一般探头晶片直径或探头有效声束宽度（以"-6dB"测得，即声束边缘的声压较声束轴线上的声压低6dB的宽度）的1/2。

任务四：反射体定位

1. 纵波直探头检测时缺陷定位

1) 仪器按1:n调节纵波扫描速度，缺陷波前沿所对的水平刻度值为τ_f、测缺陷至探头的距离x_f为

$$x_f = n\tau_f \tag{4-21}$$

2) 示例：用纵波直探头检测某工件，仪器按1:2调节纵波扫描速度，检测中示波屏

上水平刻度值70%处出现一缺陷波，那么此缺陷至探头的距离 x_f 为

$$x_f = \pi y = 2 \times 70(\text{mm}) = 140(\text{mm}) \tag{4-22}$$

2. 横波斜探头检测平面时缺陷定位

横波斜探头检测平面时，缺陷定位是基于探头折射角和声程来确定缺陷的水平、深度位置。具体如下：

（1）按声程调节扫描速度　仪器按声程 $1:n$ 调节横波扫描速度，缺陷波水平刻度为 τ_f。

1）一次波检测时，如图4-51a所示，缺陷至入射点的声程 $x_f = n\tau_f$，如果忽略横线孔直径，则缺陷在工件中的水平距离 l_f 和深度 d_f 为

$$\begin{cases} l_f = x_f \sin\beta = n\tau_f \sin\beta \\ d_f = x_f \cos\beta = n\tau_f \cos\beta \end{cases} \tag{4-23}$$

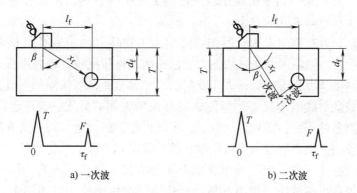

a) 一次波　　　　　　b) 二次波

图 4-51　横波检测缺陷定位

2）二次波检测时，如图4-51b缺陷至入射点的声程 $x_f = n\tau_f$，则缺陷在工件中的水平距离 l_f 和深度 d_f 为

$$\begin{cases} l_f = x_f \sin\beta = n\tau_f \sin\beta \\ d_f = 2T - x_f \cos\beta = 2T - n\tau_f \cos\beta \end{cases} \tag{4-24}$$

式中　T——工件厚度（mm）；
　　　β——探头横波折射角（°）。

（2）按水平调节扫描速度　仪器按水平距离 $1:n$ 调节横波扫描速度，缺陷波的水平刻度值为 τ_f，采用 K 值探头检测。

1）一次波检测时，缺陷在工件中的水平距离 l_f 和深度 d_f 为

$$\begin{cases} l_f = n\tau_f \\ d_f = \dfrac{l_f}{K} = \dfrac{n\tau_f}{K} \end{cases} \tag{4-25}$$

2）二次波检测时，缺陷波在工件中的水平距离 l_f 和深度 d_f 为

$$\begin{cases} l_f = n\tau_f \\ d_f = 2T - \dfrac{l_f}{K} = 2T - \dfrac{n\tau_f}{K} \end{cases} \tag{4-26}$$

（3）按深度调节扫描速度　仪器按深度 $1:n$ 调节横波扫描速度，缺陷波的水平刻度值

为 τ_f，采用 K 值探头检测。

1) 一次波检测时，缺陷在工件中的水平距离 l_f 和深度 d_f 为

$$\begin{cases} l_f = Kn\tau_f \\ d_f = n\tau_f \end{cases} \qquad (4\text{-}27)$$

2) 二次波检测时，缺陷在工件中的水平距离 l_f 和深度 d_f 为

$$\begin{cases} l_f = Kn\tau_f \\ d_f = 2T - n\tau_f \end{cases} \qquad (4\text{-}28)$$

任务五：反射体定量

1. 当量法

（1）当量试块比较法 当量试块比较法是将工件中的自然缺陷回波与试块上的人工缺陷回波进行比较来对缺陷定量的方法。

加工制作一系列含有不同声程，不同尺寸的人工缺陷（如平底孔）试块，检测中发现缺陷时，将工件中自然缺陷回波与试块上人工缺陷回波进行比较。当同声程处的自然缺陷回波与某人工缺陷回波高度相等时，该人工缺陷的尺寸就是此自然缺陷的当量大小。

利用试块比较法对缺陷定量要尽量使试块与被探工件的材质、表面粗糙度值和形状一致，并且其他检测条件不变，如仪器、探头，灵敏度旋钮的位置，对探头施加的压力等。

当量试块比较法是超声波检测中应用最早的一种定量方法，其优点是直观易懂，当量概念明确，定量比较稳妥可靠。但这种方法需要制作大量试块，成本高。同时操作也比较烦琐，现场检测要携带很多试块，很不方便。因此当量试块比较法应用不多，仅在 $x < 3N$ 的情况下或特别重要零件的精确定量时应用。

（2）当量计算法 当 $x \geq 3N$ 时，规则反射体的回波声压变化规律基本符合理论回波声压公式。当量计算法就是根据检测中测得的缺陷波高的 dB 值，利用各种规则反射体的理论回波声压公式进行计算来确定缺陷当量尺寸的定量方法。应用当量计算法对缺陷定量不需要任何试块，这是目前广泛应用的一种当量法。

2. 测长法

（1）相对灵敏度测长法

1) 6dB 法（半波高度法）。常用的一种测长方法，适用于测长扫查过程中缺陷波只有一个高点的情况。有两种测试方法：

第一，移动探头找到缺陷的最大反射波（不能达到饱和），然后沿缺陷方向左右移动探头，当缺陷波高降低一半时，探头中心线之间距离就是缺陷的指示长度。

第二，移动探头找到缺陷的最大反射波后，调节衰减器，使缺陷波高降至基准波高。然后调节增益，将仪器灵敏度提高 6dB，沿缺陷方向移动探头，当缺陷波高降至基准波高时，探头中心线之间距离就是缺陷的指示长度，如图 4-52 所示。

2) 端点 6dB 法（端点半波高度法）。这种方法适用于测长扫查过程中缺陷反射波有多个高点的情况。

测试方法：当发现缺陷后，探头沿着缺陷方向左右移动，找到缺陷两端的最大反射波，分别以这两个端点反射波高为基准，继续向左、向右移动探头，当端点反射波高降低一半

（或 6dB）时，探头中心线之间的距离即为缺陷的指示长度，如图 4-53 所示。

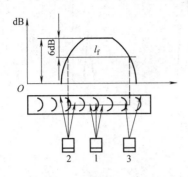

图 4-52 半波高度法（6dB 法）

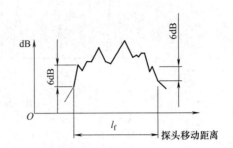

图 4-53 端点 6dB 法测长

(2) 绝对灵敏度测长法　探头沿缺陷长度方向平行移动，当缺陷波高降到评价线时（见图 4-54 中 b 线）探头移动的距离，即为缺陷的指示长度。

测试方法：将探头左右移动，使波幅降至评价线，分别记录探头的位置 1 和位置 2，探头位置 1 和位置 2 之间的距离 l，即是缺陷的显示长度。

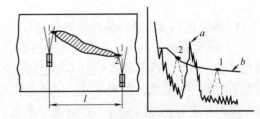

图 4-54 绝对灵敏度测长法

注：l 为缺陷显示长度；1，2 为波幅等于评估等级线的探头位置；a 为最高回波；b 为评价线。

绝对灵敏度测长法测得的缺陷指示长度与测长灵敏度有关。测长灵敏度越高，缺陷长度越长。在自动检测中常用绝对灵敏度法测长。

(3) 端点峰值法　适用于缺陷反射波有多个高点的情况。端点峰值法测得的缺陷长度比端点 6dB 法测得的指示长度小。

测试方法：探头在测长扫查过程中，缺陷反射波峰值有多个高点时，移动探头分别记录缺陷两端反射波的极大值，探头移动长度即为缺陷指示长度，如图 4-55 所示。

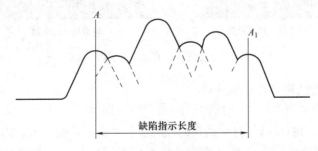

图 4-55 端点峰值测长法

(4) 底波高度法　当工件中存在缺陷时，由于缺陷反射，使工件底波下降。底波高度法是利用缺陷波与底波的相对波高来衡量缺陷的相对大小。常用缺陷波高 F 与缺陷处底波高 B_F 之比 F/B_F，缺陷波高 F 与无缺陷处底波高 B_G 之比 F/B_G，无缺陷处底波 B_G 与缺陷处底波 B_F 之比 B_G/B_F 来衡量缺陷的相对大小。轨道车辆的车轴透声性检查即是采用底波高度法评价车轴材质的均匀性和缺陷大小，如图 4-56 所示。

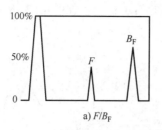 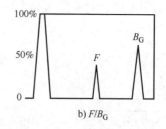

a) F/B_F b) F/B_G

图 4-56 底波高度法

项目三：波形观察与记录

1. 纵波检测典型缺陷与非缺陷分辨

1）纵波检测时，一般采用缺陷回波高度法进行缺陷与非缺陷回波的分辨，即将时基线调整为显示一次底波，则在始脉冲与底波之间明显高于林状回波的反射波，是缺陷回波。探头左右移动，一次底波位置不变，但缺陷位置、幅值等发生变化时，进一步确定为缺陷反射波，同时，可采用 6dB 法等方法测量缺陷的当量面积。

2）以便携式手工超声波检测（纵波直探头）车轮轮毂时为例，探头垂直放置于轮毂面上，在始脉冲与一次底波之间的明显反射波，即为缺陷回波，如图 4-57 所示。

 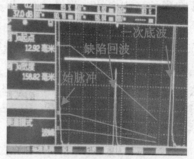

a) 直探头检测位置 b) 直探头反射波

图 4-57 车轮轮毂纵波直探头检出缺陷示意图

2. 横波检测典型缺陷与非缺陷分辨

(1) 分辨 横波检测时，一般结构情况下，没有底波，因此在始脉冲后，在一次或二次声程范围内，出现的明显高于林状回波的反射波，可能是缺陷回波，需要结合探头的折射角、工件厚度和反射波所示的位置（声程、水平位置或深度）进行缺陷分辨。另外，对于特点结构，具有固有反射回波时，也可借助于始脉冲和一次固有反射波进行缺陷评定，即在始脉冲与底波之间明显高于林状回波的反射波，即为缺陷回波。

(2) 示例

1）以调节 RB-1 试块时，此时没有底波，则在始脉冲之后，一次和二次声程范围内，出现的明显高于林状回波的反射波，即为缺陷回波，可通过旋转和前后扫查，观察波幅变化，找到最高反射回波，如图 4-58 所示。

模块四 超声波检测

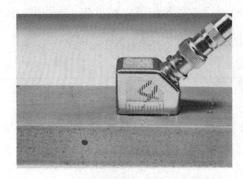

a) 探头置于横孔位置　　　　　　　b) 缺陷显示

c) 探头置于远离横孔位置　　　　　d) 无缺陷显示

图 4-58　横波检测缺陷与非缺陷分辨

2）以疲劳试验空心车轴为例，此时检测时轴身与轮座过渡圆弧，存在固有反射波，则在始脉冲与底波之间明显高于林状回波的反射波，即为缺陷回波，如图 4-59 所示。对于空心车轴缺陷回波评定，可通过旋转探头，观察反射回波的幅值变化，一般缺陷回波幅值不恒定。

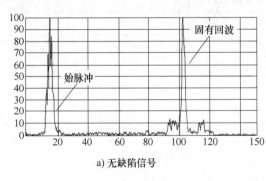
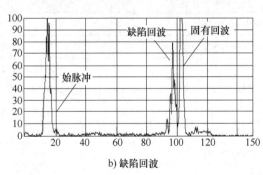

a) 无缺陷信号　　　　　　　　　　b) 缺陷回波

图 4-59　车轴检测

项目四：检测记录填写

1. 日常性能校验记录

根据开展的性能校验项目，在开工前、连续工作 4h 和完工后，测试相关参数并填写性

能校验记录，便携式超声波探伤仪和超声波检测设备校验记录模板见表4-7、表4-8。

表4-7 超声波探伤仪日常性能校验记录模板

年　　月　　日

仪器型号		仪器编号		检测产品	
对比试块		探头型号		耦合剂	
检测标准			验收等级		
探头前沿/mm			探头角度/(°)		
基准灵敏度/dB			传输修正/dB		
连续工作4h检测结果					
时基线误差		灵敏度偏差		判定	合格□/不合格□
完工后检测结果					
时基线误差		灵敏度偏差		判定	合格□/不合格□
无损检测员		班长/工位长		检查人员	
备注					

表4-8 超声波探伤仪日常性能校验记录模板

年　　月　　日

仪器型号		仪器编号		检测产品	
对比试块		探头型号		耦合剂	
检测标准			验收等级		
基准灵敏度/dB			传输修正/dB		
人工缺陷检出			合格□　/　不合格□		
连续工作4h检测结果					
基准灵敏度		人工缺陷检出		合格□/不合格□	
完工后检测结果					
基准灵敏度		人工缺陷检出		合格□/不合格□	
无损检测员		班长/工位长		检查人员	
备注					

2. 检测记录

根据选择的检测系统、检测参数与检测情况，填写检测记录；记录模板示例见表4-9。

模块四　超声波检测

表 4-9　车轴超声波检测记录模板

构架编号：_____

仪器型号				仪器编号		
对比试块		探头型号		耦合剂		
检测标准			验收等级			
基准灵敏度			传输修正			
检测图纸	××	检测部位	××	检测文件	××	
检测车轴序号	检测情况和返工情况			检测结论		
					自动检测	手工复检
001						
002						
××						

备注：

部件检测结论			
无损检测员		检测日期	

模块五

射线检测

知识目标：
1) 了解射线检测原理及影响影像质量的因素。
2) 掌握射线机、胶片及检测辅助器材的分类、结构及使用方法。
3) 掌握暗室处理的基本知识。
4) 了解射线检测的防护知识。

能力目标：
1) 能进行检测操作：对 X 射线机进行老化训练操作，根据工艺要求正确调节射线探伤仪的管电流、管电压参数；根据作业指导书完成胶片的拍摄。
2) 能对拍摄的胶片进行恰当的暗室处理，得到黑度和对比度合格的底片；正确读出射线底片上像质指数并区分底片显示的真伪。

任务描述：
1) 通过识读作业指导书，完成射线检测设备、器材的准备。
2) 对给出的工件进行射线检测并对胶片进行暗室处理。

知识准备（1）：射线检测基础知识

知识点一：射线检测的物理基础

物质是由元素构成，原子是元素能够存在的最小单元。原子由原子核和核外电子组成。原子核由质子和中子组成。当原子从一个能级跃迁到另外一个能级时，会以电磁波的形式释放出（或吸收）能量。凡是具有一定质子数、中子数并处于特定能量状态的原子或原子核称为核素，具有相同质子数，不同中子数（或不同质量数）同一元素的不同核素互为同位素。能自发地放出某些射线的同位素称为"放射性同位素"，其余的则称为"稳定同位素"。

射线检测主要采用 X 射线和 γ 射线。X 射线一般由一束高能电子流撞击金属靶后产生的，即通过电子的减速产生光子；γ 射线是由原子核自身在放射性衰变的过程中产生的，实质是波长很短的电磁波，穿透能力很强，但其电离能力很弱。

X射线和γ射线的相同点：在真空中以光速直线传播，不受电场和磁场影响；在媒介界面发生反射、折射现象；都有干涉、衍射现象；波长短，人眼看不见；都能与物体发生物理和化学作用；都具有辐射生物效应。

知识点二：射线检测的原理

射线在穿透物体过程中会与物质发生相互作用，因吸收和散射而使其强度降低。强度衰减程度取决于物质的衰减系数和射线在物质中穿越的厚度。如果被检工件的局部存在缺陷，且构成缺陷的物质的衰减系数又不同于工件，该局部区域通过的射线强度就会与周围产生差异。把某种接收器（如胶片）放在适当位置使其得到透过射线强度的分布。由于缺陷部位和完好部位的透过射线强度不同，接收器相应部位就会出现不同的状态（如胶片的黑度差异）。对此进行观察和评定，即可对工件的质量进行评判。射线检测原理如图5-1所示。

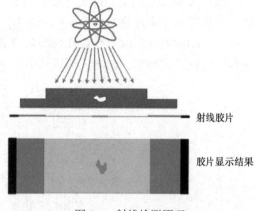

图5-1 射线检测原理

知识准备（2）：射线检测设备

工业射线检测最常用的射线为X射线和γ射线，所以本节主要介绍产生这两种射线的设备以及胶片和一些辅助设备。

知识点一：X射线机

1. X射线机的分类及特点

X射线机按照不同的分类原则，具备不同的分类方式，见表5-1。

表5-1 X射线机的分类

分类方式	射线机类型
工作电压	恒压X射线机、脉冲X射线机
电压脉冲频率	恒频X射线机、变频X射线机
X射线管类型	玻璃管X射线机、陶瓷管X射线机
焦点尺寸	常规焦点X射线机、小焦点X射线机、微焦点X射线机
辐射角	定向X射线机、周向X射线机
结构和便携性	固定式X射线机、移动式X射线机、便携式X射线机

现行标准是按照结构和便携性的分类，也是目前工程应用最常见的分类方式。

固定式X射线机的体积大、重量重，一般不便移动，固定在X射线曝光室内。其管电压、管电流一般较高。它采用X射线管和高压发生器分离的结构，相互之间采用高压电缆连接。

移动式 X 射线机一般固定在一个小车上，可以很方便地移动到现场。其 X 射线管和高压发生器是分离的，采用高压电缆来连接。

便携式 X 射线机采用 X 射线管、高压发生器、冷却系统组合，利用低压电缆和操纵箱连接的方式。其重量轻、体积小。

2. X 射线机的型号

国产 X 射线机的型号组成一般包括 5 部分，前 3 部分依次代表射线机的类、组、型，各由一个大写英文字母表示，第 4 部分为射线机的主要参数，第 5 部分为改进序号。如图 5-2 所示，XXQ-2005A，由左至右代表的含义依次是 X：X 射线机；X：携带式；Q：变频、气绝缘、定向、玻璃管；2005：额定管电压 200kV，额定管电流 5mA；A：第一次改进。

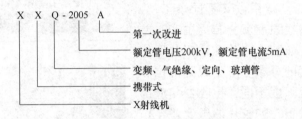

图 5-2　国产 X 射线机产品型号示例

3. X 射线机的组成

X 射线机主要由 4 部分组成：射线发生器、高压发生器、冷却系统、控制系统，其结构如图 5-3 所示。高压发生器与射线发生器之间采用高压电缆连接。

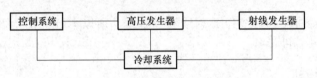

图 5-3　X 射线机的结构

（1）射线发生器　便携式 X 射线机采用组合式射线发生器，其 X 射线管、高压发生器、冷却系统共同安装在一个机壳中。移动式 X 射线机是分立的组成部分共同安装在一个小车上，射线发生器一般是 X 射线管。固定式 X 射线机的 4 个组成部分是分立的。单独的射线发生器主要由 X 射线管、外壳和填充的绝缘介质组成。

X 射线管是射线机的核心器件，X 射线管主要由阴极、阳极和高真空的玻璃或陶瓷外壳等组成，如图 5-4 所示 X 射线管基本结构。

1）阴极：聚集电子和发射电子的部件，它由发射电子的灯丝（一般用钨制成）和聚集电子的阴极头（一般用铜）组成。

2）阳极：产生 X 射线的部分，它由阳极靶、阳极体和阳极罩 3 部分构成。一般工业用 X 射线管的阳极靶常选用钨铼制造，软 X 射线管则选用钼靶。阳极体采用无氧铜制成。阳极罩又称为窗口，阳极靶产生的 X 射线从此窗口辐射出来。

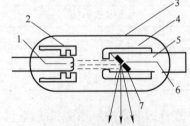

图 5-4　X 射线管基本结构

1—阴极灯丝　2—聚焦杯　3—壳体
4—阳极罩　5—阳极　6—阳极靶　7—窗口

3）外壳：多采用金属或陶瓷管外壳。

（2）高压发生器　用来产生射线管内的阴极和阳极间的加速电压。高压变压器、高压整流管、灯丝变压器一般被共同封装在一个机壳内，里面充满了耐高压的绝缘介质。

（3）冷却系统　常见的冷却系统分为3种：油循环冷却、水循环冷却、辐射散热冷却。

（4）控制系统　射线机的控制系统主要包括基本电路、电压和电流调整电路、冷却和工件控制部分、控制与保护装置等。

4. X射线机的工作过程

（1）X射线机的工作步骤　X射线机的工作过程大致可以分为以下步骤。

1）通电前准备：用电源线、电缆线将控制箱、机头、高压发生器以及冷却系统等可靠连接，保证插头接触良好。检查使用电源电压是否符合要求，控制箱是否可靠接地。

2）通电后检查：接通电源后，控制箱面板上的电源指示灯亮，冷却系统开始工作（油绝缘机的油泵工作，气绝缘机的机头风扇转动）。

3）曝光准备：油绝缘机"kV""mA"指示调至最小值，"时间"指示调至预定位置，气绝缘机"kV""时间"指示调至规定位置。

4）曝光：按下"高压通"开关，红灯亮，表示高压已接通。

对油绝缘机均匀调节"kV""mA"值至规定值。对气绝缘机调节"kV"指示到规定值。冷却系统必须可靠工作。

曝光过程如发现异常，可按下"高压断"开关，切断高压，分析原因后再考虑是否继续进行操作。

5）曝光结束：当蜂鸣器响时，对油绝缘机应均匀调节"kV""mA"值回零，红灯灭，高压切断，时间复位。

当蜂鸣器响时，对气绝缘机"kV""mA"指示灯灭，高压切断，"时间"指示复位。

（2）X射线机使用的注意事项　X射线机在日常使用中应严格遵守X射线机的使用说明，认真进行各项维护工作，其中应特别注意：

1）不可超负荷使用X射线机。

2）对X射线机训机：新安装的X射线管或关机一段时间再启用的X射线机，在开机后均应进行X射线管的训机。就是按照一定的程序，从低电压、低管电流逐步升压，直至达到X射线机的工作所需的最高管电压或额定工作电压。不同的X射线机均有自己的具体规定。X射线机一般安装有保护装置，保证在未完成必要的老化训练之前，无法向X射线管送上高压。有的X射线机可以采用自动程序完成训机。

3）充分预热与冷却：在开机后，应使灯丝经历一定的加热时间后，再将高压送到X射线管。关机前，应使X射线管的灯丝在无高压下保持加热一段时间。预热与冷却将减小X射线管灯丝不发射电子状态与强烈发射电子状态之间的突然变化，增加X射线管的寿命。

4）日常定期维护：做好日常定期维护工作，对于保证X射线机长期处于正常工作状态和延长使用寿命都具有重要意义。

知识点二：γ射线机

1. γ射线机的基本构成

γ射线机主要由5部分构成：源组件（密封γ射线源）、源容器（主机体）、输源（导）管、驱动机构和附件。图5-5是S通道设计的γ射线机源容器结构，图5-6是γ射线机主机体的外形结构。

源容器是γ射线源的储存装置，是γ射线机的主机。

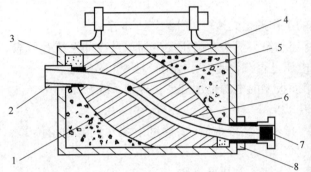

图5-5　S通道γ射线机源容器的基本结构
1—聚氨酯填料　2—快速连接器　3—外壳　4—贫化铀屏敞层
5—γ源（源组件）　6—源托　7—安全接插器　8—密封盒

图5-6　γ射线机主机体外形结构

源容器的通道端口均设计有可快速连接的接口，源容器上还都设计有一套安全连锁机构。这些装置和机构用以保证正确和安全操作γ射线机，避免意外事故。

源组件由γ射线源、外壳、源辫子、屏蔽杆构成，其结构如图5-7所示。源组件与源托连接，通过源托与驱动部件连接在一起。

驱动机构由一套控制部件、控制导管、驱动部件构成，在使用时它与源容器连接，用来送出和收回γ射线源，其行程记录装置可以指示γ射线源所处的位置。

附件主要是照射头、定向架等，利用照射头限定γ射线源的照射场，利用定向架固定照射头，保证γ射线照相过程按设定的方式进行。

目前，在工业射线检测中使用的γ射线源主要为人工放射性同位素 ^{60}Co、^{192}Ir、^{75}Se、^{170}Tm 等，它们的主要特性见表5-2。

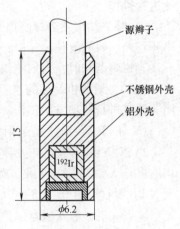

图5-7　源组件结构

表5-2　常用γ射线源的主要特性

γ射线源	^{60}Co	^{192}Ir	^{75}Se	^{170}Tm
主要能量/MeV	1.17、1.33	0.30、0.31、0.47、0.60	0.13、0.26	0.052、0.084
半衰期	5.3a	74d	120d	128d

(续)

	γ射线源	^{60}Co	^{192}Ir	^{75}Se	^{170}Tm
K_r	R·m²/(h·Ci)	1.30	0.48（0.55）	0.20（0.125）	0.0014
	C·m²/(kg·h·Bq)	9.2×10^{-5}	3.3×10^{-15}	1.4×10^{-15}	0.01×10^{-15}
等效能量		1.25MeV	400keV	217keV	84keV
适宜厚度（钢）/mm		40~200	20~100	10~40	≤5

注：K_r 称为照射量率常数，由于采用法定计量单位的值比较复杂，因此也用带括号形式给出非法定计量单位的值，这时它表示活度为1Ci的源在无滤波下在距源1m处1h内给出的照射量的伦琴数值。

2. γ射线机的使用

γ射线机与X射线机相比具有设备简单、便于操作、不用水电等特点，但γ射线机操作错误所引起的后果将是十分严重的，因此，必须注意γ射线机的操作和使用。

γ射线机的操作一般应按下列步骤进行。

（1）准备工作　检查γ射线机的有关部分是否完好正常，例如，驱动机构是否可正常工作，输源导管是否存在损坏，主机的漏泄辐射是否处于规定范围之内等。在确认γ射线机处于完好后方可进行安装应用。

（2）主机安装　将主机牢固地安放在适当位置，并应采取必要的辐射防护措施和设置必要的防雨、防外界物品碰撞等设施。在安装过程中，应随时用剂量仪进行监测。

（3）组装γ射线机　应根据检测工作的具体情况和特点设计透照布置，组装输源导管、连接驱动机构、固定准直器和定向架等。输源导管应尽量平直，弯曲半径应≥500mm。固定准直器和定向架时应使γ射线源尽量与设定的焦点位置重合。

（4）设定控制区和监督区　通过监测（和理论计算），设定控制区边界和监督区边界，控制区边界处的空气比释动能率应为40μGy/h，监督区边界处的空气比释动能率应为2.5μGy/h，并按国家标准的规定设置警告标志。操作人员应在控制区边界外工作，公众人员不应进入监督区。需要时，应设专门的监督管理人员。

（5）完成曝光过程　按γ射线机的操作说明、有关的操作规程和检验工艺卡的规定，完成曝光过程。γ射线机在使用过程中可能发生的故障主要是：部分机件损坏，如驱动失灵、输源导管变形、源座脱开等，造成γ射线源不能送出或收回；安全连锁机构失灵等。如果出现γ射线源不能收回到源容器贮存位置的故障，不得盲目处理，应对现场采取必要的措施，并报告有关领导和部门，请专门人员进行处理，排除故障。在使用中，应特别防范"掉源"事故，防止由此造成的严重危害。

（6）安全使用　γ射线机使用时必须严格遵守国家以及卫生、公安等部门的有关法规、规章和制度，操作人员必须经过有关培训，注意防止γ射线机操作失误，严格防止因γ射线源未收回或遗失等可能造成的辐射事故。

3. 加速器

普通的X射线机的管电压不超过450kV，这种能量的X射线机，最大仅能穿透约100mm的钢。而对于更厚的材料，则无能为力。在工业射线照相中为解决这个问题，多采用高能射线加速器。在工业射线照相检测中应用的加速器主要有电子直线加速器、电子感应加速器、电子回旋加速器。

3种加速器的性能见表5-3。与X射线机和γ射线机相比，加速器的主要特点有：射线能量高，射线束的能量、强度、方向可精确控制等。

表 5-3　3 种加速器的性能比较

类　　型	电子直线加速器	电子感应加速器	电子回旋加速器
常用能量/MeV	1～15	5～25	8～10
电子数流强度/μA	≤200	≤1	几十～100
焦点尺寸/mm	$\phi1$～$\phi3$	0.1×(0.3～0.4)	$\phi2$～$\phi3$
X 射线输出	强	弱	较强

知识点三：工业射线胶片

1. 射线胶片的结构

射线胶片由片基、感光乳剂层、结合层和保护层构成，如图 5-8 所示。

1）片基为透明塑料，它是感光乳剂层的支持体，厚度约为 0.175～0.30mm。

2）感光乳剂层的主要成分是卤化银感光物质极细颗粒和明胶，此外还有其他一些成分，如增感剂等，它是核心部分，决定了胶片的感光性能。

3）结合层是一层胶质膜，它将感光乳剂层牢固地粘结在片基上。

4）保护层主要是一层极薄的明胶层，厚度约为 1～2μm，它涂在感光乳剂层上，避免感光乳剂层直接与外界接触，产生损坏。

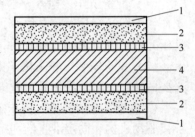

图 5-8　射线胶片的结构
1—保护层　2—感光乳剂层
3—结合层　4—片基

2. 射线胶片系统的类别与选用

(1) 胶片系统的类别　胶片系统是指把胶片、铅增感屏、暗室处理的药品配方和程序（方法）结合在一起作为一个整体，并按此时表现出的感光特性和影像性能进行分类，胶片系统的类别分为 6 个等级，见表 5-4，确定参数满足所有的梯度、颗粒度和梯度-噪声比的限定值。在工业射线照相中使用的胶片，从大的方面可分为两种类型：增感型胶片、非增感型胶片（直接型胶片）。按照近年来射线照相技术发展的情况，在射线照相中一般不使用增感型胶片。

表 5-4　梯度、梯度-噪声比和颗粒度的限值

胶片系统类别	最小梯度 $D=2$ (D_0 以上)	最小梯度 $D=4$ (D_0 以上)	最小梯度-噪声比 $D=2$ (D_0 以上)	最大颗粒度 $D=2$ (D_0 以上)
C1	4.5	7.5	300	0.018
C2	4.3	7.4	230	0.020
C3	4.1	6.8	180	0.023
C4	4.1	6.8	150	0.028
C5	3.8	6.4	120	0.032
C6	3.5	5.0	100	0.039

(2)射线胶片的选用 在射线检测中，射线胶片的选用需要考虑以下多个因素。

1）测量部件的结构、尺寸、形状，有些场合也需要测量重量和位置。

2）采用的射线种类，如 X 射线机发射的 X 射线，来自放射物质的 γ 放射线。

3）适当的 X 射线机管电压。

4）γ 射线强度。

5）检验方案。是全面检验还是抽验，或是只对某些特殊或重要部件作验收检验。

6）在有关结果上强调清晰度、对比度、黑度和所需时间是否适当。

以上是决定射线照相技术和胶片组合效果至关重要的因素。

(3)胶片的存放 胶片在存放中，应避免接触有害气体，以及远离热源和辐射源。尽量存放在温度低和湿度小的环境中，存放中应使胶片避免受到较大的压力。这样使胶片在存放中尽量减少灰雾产生，减少可能产生的其他问题。胶片的最佳贮存温度为 4~24℃，最佳贮存相对湿度为 30%~60%。温度和湿度过高会导致胶片灰雾度增加，且乳剂膜发粘，造成胶片间粘连，甚至发霉，但温度和湿度过低会造成胶片变脆，易断裂和产生摩擦静电。

知识点四：观片灯、黑度计和标准密度片

1. 观片灯

观片灯是评定射线底片必需的工具，某种型号观片灯的形貌如图 5-9 所示。一般要求，当黑度 $D \leq 2.5$ 时，照亮射线照相底片的亮度应 $\geq 30 cd/m^2$；当黑度 $D > 2.5$ 时，照亮射线照相底片的亮度应 $\geq 10 cd/m^2$。

观片灯有两种类型：

1）采用多根荧光灯管组成的荧光管冷光源观片灯。

2）由 LED（发光二极管）阵列组成的冷光源。

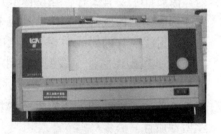

图 5-9 观片灯

2. 黑度计、标准密度片

底片的黑度采用黑度计来测量，某种黑度计的外形如图 5-10 所示。该仪器有一个发光孔，当底片透过发光孔时光强度减弱，从而可以测量底片的黑度。

使用时先需要设置设备的零点，然后使用标准密度片来校验黑度计，然后再检验底片黑度。标准密度片为在一定条件下获得的具备一定黑度的一系列真实底片的组合，如图 5-11 所示。

图 5-10 黑度计

图 5-11 标准密度片

3. 预先曝光胶片测试片（PMC 片）

预先曝光胶片测试片用来控制胶片处理系统，是用一定规格的阶梯试块在选定透照电

压、曝光时间后由胶片生产商提供。操作者在现场胶片处理程序下对 PMC 片进行处理，并按一定的步骤经过预曝光未冲洗的胶片（Pre-exposed Films Strips），如图 5-12 所示，一般进行测量后并按式（5-1）计算。

$$C_X = (D_{X+4} - D_X)\frac{S_r}{S_X} \quad (5\text{-}1)$$

式中　C_X——对比度系数；
　　　D_0——阶梯 0 的密度；
　　　D_{X+4}——阶梯 $X+4$ 的密度；
　　　D_X——阶梯 X 的密度；
　　　S_r——参考速度系数；
　　　S_X——速度系数。

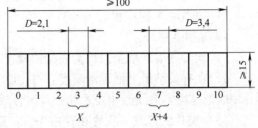

图 5-12　预先曝光胶片测试片（PMC 片）

经过测量和计算，D_0 小于 0.3，速度系数 S_X 与规定的参考速度系数 S_r 相比，偏差范围在 ±10% 以内，对比度系数 C_X 与规定的参考对比度系数 C_r 相比偏差范围在 -10% ~ +15% 以内，即说明处理系统是满足要求的。

4. 像质计

像质计主要有 3 种：丝型像质计、阶梯孔型像质计、平板孔型像质计，此外还有槽型像质计和双丝型像质计等。像质计应采用与被检工件相同或对射线吸收性能相似的材料制作，是测定射线照片的射线照相灵敏度的器件。

（1）丝型像质计（线型像质计）　基本样式如图 5-13 所示，金属丝按照直径大小的顺序、以规定的间距平行排列，在排列的金属丝的两端还放置金属丝对应的号数，以识别该丝型像质计。

射线检测时原则上每张底片上都应有像质计的影像，像质计应放置在工件射线源侧的表面上，且应放置在透照区中灵敏度差的部位。当像质计放置在工件胶片侧表面时，应附加标记（一般是字母"F"）。多数标准对丝型像质计的识别性都有规定，在底片上至少可清晰看到连续 10mm 长的丝状影像时，则认为该丝是可识别的。

（2）阶梯孔型像质计　阶梯孔型像质计的基本结构是在阶梯块上钻上直径等于阶梯厚度的通孔，孔应垂直于阶梯表面、不做倒角。常用的阶梯形状是矩形和正六边形，典型的设计如图 5-14 所示。

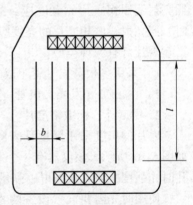

图 5-13　丝型像质计样式
注：b 为丝间距，l 为丝长度。

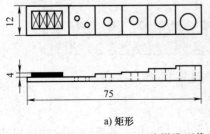

a）矩形

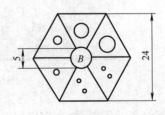

b）正方边形

图 5-14　阶梯孔型像质计的典型样式

(3) 平板孔型像质计 一种特殊型式的像质计，也称为透度计，是在均匀厚度的平板上钻 3 个通孔，典型样式如图 5-15 所示。

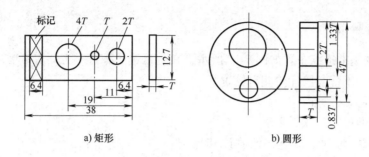

图 5-15 平板孔型像质计的样式

（4）槽型像质计 槽型像质计的基本结构是在矩形块上制作出深度不等、宽度相等或不等的矩形槽（缝）。这些槽作为细节，利用它们在底片上显示的影像，判断底片的射线照相灵敏度和缺陷的情况。

（5）双丝型像质计 双丝型像质计是一系列的丝对（分为圆形截面和矩形截面两种），圆形截面的双丝型像质计的样式如图 5-16 所示，矩形截面的双丝型像质计仅是截面不同。像质计中的丝对由直径相等、丝的间距等于丝的直径的两根丝组成。

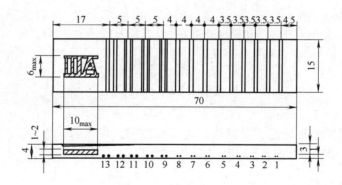

图 5-16 双丝型像质计样式（圆形截面）

5. 增感屏

增感屏主要有 3 种类型：金属增感屏、荧光增感屏、复合增感屏（金属荧光增感屏）。

其中使用金属增感屏能得到最佳的底片像质，所以工业上仅采用金属增感屏。金属增感屏一般是将薄薄的金属箔黏合在纸质或胶片片基上，金属箔材质有铅（Pb）、钨（W）、钽（Ta）、钼（Mo）、铜（Cu）和铁（Fe）等，应用最普遍的是铅箔增感屏。

6. 标记

标记主要由识别标记和定位标记组成。标记一般由适当尺寸的铅（或其他适宜的重金属）制数字、拼音字母和符号等构成。标记应放置在工件适当的部位，与工件同时透照，所有标记的影像不应重叠，且不应干扰有效评定范围内的影像。

知识准备（3）：透照技术

知识点一：透照布置

射线照相的基本透照布置如图5-17所示，在进行透照布置时主要应考虑以下3个方面。

1) 射线源、工件、胶片的相对位置。
2) 射线中心束的方向。
3) 有效透照区（一次透照区）。

此外，还包括防散射措施、像质计和标记系的使用等方面的内容。

在图5-17中，射线源至工件表面的距离一般记为f，有效透照区一般记为L，L_{eff}为有效评定长度，射线源至胶片侧的距离称为焦距F（SFD），中心射线束与透照区边缘射线束的夹角一般记为θ，称为照射角。T是工件厚度，T'是边缘射线束的穿透厚度，标准上一般对T'/T的值进行严格限定。

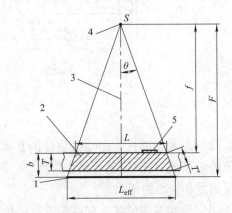

图5-17 射线照相的基本透照布置（单壁）
1—胶片 2—工件 3—中心束 4—射线源 5—标记

依据ISO 17636-1：2013进行分析，以该标准B级T'/T不能超过1.1为例，计算一次透照区和搭接距离ΔL。

$$\theta \leqslant \arccos(1/1.1) \approx 24.6°$$

$$\frac{L}{2} = f tg\theta = 0.46f$$

$$\Delta L = 2b tg\theta = 0.92b$$

$$L_{eff} = L + \Delta L$$

以上公式给出的是理论值，单壁透照对接试板时，可认为b等于T，受射线机照射角$\theta \leqslant 20°$影响，F一般取较大值，ΔL可采用b值。

知识点二：透照参数

透照参数的选择主要包括能量、曝光量和焦距，这些参数选择的目的是使底片图像质量达到要求。

1. 黑度

黑度定义为入射光强L_0与透射光强L之比的常用对数值。

2. 能量的选择

能量的选择是基于足够的穿透力，确保胶片能充分的感光，达到标准规定的黑度值，对于X射线，穿透力取决于管电压；对于γ射线，穿透力则取决于放射源的种类。

(1) X射线能量的选择　X射线机的管电压可以连续调节，探伤机电压值有一定的区间，最小几十千伏，一般是根据检测产品材料的特点选择适宜的X射线探伤机。

随着管电压的升高，线质越来越硬，在物质中的衰减系数减小，穿透能力增强。如果选择管电压过低,则难以穿透工件;如果仅提高管电流和曝光时间,则难以使底片达到规定的黑度值。

如果透照厚度较小的物体,采用较高能量的射线,尽管胶片在更短的时间内得到足够的强度,但将因线衰减系数的降低、对比度下降、不清晰度增大等,而使影像质量降低,选取原则是在保证穿透力的情况下选用较低的管电压。

(2) 管电压值的规定 确定射线能量时,对低能 X 射线透照电压不能高于标准规定的上限。以 ISO 17636-1:2013 为例,X 射线探伤机对不同透照厚度和不同材料的最高允许管电压的规定如图 5-18 所示。选取管电压时依据的是穿透厚度 w,对于单壁透照就是标称厚度 t,双壁透照时 w 为 2 倍标称厚度。

(3) 不等厚透照区管电压规定 被检测区域厚度变化较大时,可适当提高管电压,增加量:对钢 ≤50kV,对铝 ≤30kV。根据主因对比度原理可知,提高管电压则降低对比度,厚度宽容度增加,即一次透照涵盖更多的区域,但管电压过高会引起检测灵敏度降低,故需要确保像质计灵敏度符合要求。

3. 焦距的选择

焦距的选择主要是控制几何不清晰度,标准中均对 f 做出了最小限值的规定,可根据焦点尺寸 d、b 值和检验等级,在图 5-19 所示的诺模图中查询最小值 $f_{\min}$。注意 b 值的选择要正确,依据缺陷至胶片最远的距离,单臂透照和环焊缝双壁单影法时为标称壁厚,而双壁双影法时为管子外径(见图 5-20)。

例 1:焦点尺寸为 1.5mm,单壁透照厚 16mm 的对接试板,B 级检测时 $f_{\min}$ 如何确定?

第一步:在左侧 d 值刻度线上选择 d 值为 1.5 的点。

第二步:由于是单壁透照,胶片一般是紧贴试件背部,在右侧的 b 值刻度线上取工件厚度 16mm。

第三步:连接两点。

第四步:在中间的刻度线上取左侧 B 级检测对应的 $f_{\min}$ 值,即 180mm。

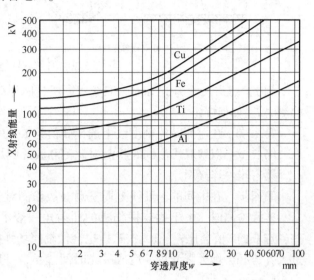

图 5-18 500kV 以下 X 射线探伤机对不同透照厚度和不同材料的最高允许管电压

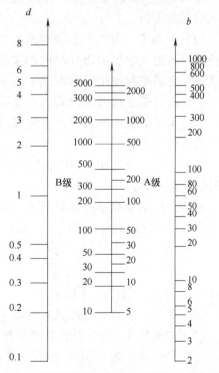

图 5-19 确定射线源至工件表面距离 $f_{\min}$ 诺模图

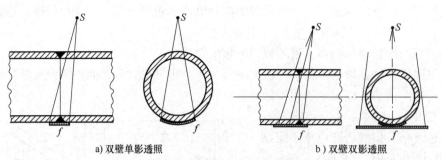

a）双壁单影透照   b）双壁双影透照

图 5-20　环缝双壁透照布置

例 2：焦点尺寸为 1.5mm，双壁双影法透照外径 D_e 为 60mm，t 为 4mm 的小径管，B 级检测时 $f_{\min}$ 如何确定？

第一步：在左侧 d 值刻度线上选择 d 值为 1.5 的点。

第二步：双壁双影法同时检测射源侧和胶片侧焊缝，b 值取管子外径 D_e 对应的点。

第三步：连接两点。

第四步：在中间的刻度线上取左侧 B 级检测对应的 $f_{\min}$ 值，即 400mm。

实际检测时，由于射线探伤机的照射角一般不超过 20°，为使一次透照长度尽量大一些，选取的 f 值会比 $f_{\min}$ 值大，这样也会使辐照场强度分布均匀，底片黑度差小，但 f 值如果过大，势必会增大曝光量，造成曝光时间过长，一般单壁透照 300mm 长试板时焦距可选取为 700mm。

4. 曝光量的选择

曝光量定义为射线源发出的射线强度和时间的乘积，对于 X 射线，曝光量为管电流与曝光时间的乘积（$E = it$）。在管电压、焦距等参数确定后，曝光量增大底片黑度也增大。

（1）互易率　射线强度和时间存在互易率关系，即曝光量只与射线强度和曝光时间的乘积有关，与单独的值无关。互易率在使用铅箔增感屏或不使用增感条件时成立，即射线强度或曝光时间两者的乘积不变，底片黑度不变；采用荧光增感屏时不遵守互易率，尽管乘积不变，但黑度会改变。

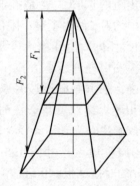

（2）平方反比定律　如图 5-21 所示，从 X 射线源或 γ 射线源辐射的射线是发散的，随着与源之间距离的增加，射线强度不断减小，即空间某一点的射线强度和该点与射线源的距离的平方成反比，见式（5-2）。

图 5-21　平方反比定律示意

$$\frac{i_1}{i_2} = \frac{F_2^2}{F_1^2} \tag{5-2}$$

式中　i_1，i_2——管电流（A）；

F_1，F_2——基点与射线源的距离（mm）。

（3）曝光因子　平方反比定律给出了射线强度随距离变化的规律，互易律给出了射线强度与曝光时间在感光作用中的相互关系。射线管发出的射线强度为

$$I = \alpha i Z V^2 \tag{5-3}$$

式中 I——射线强度；

α——比例常数；

Z——靶物质的原子序数；

i——管电流（mA）；

V——管电压（V）。

当 X 射线管的管电压一定时，α 和 Z 为常数，由此导出曝光因子表达式为

$$M = \frac{it}{F^2} = \frac{i_1 t_1}{F_1^2} = \frac{i_2 t_2}{F_2^2} \tag{5-4}$$

M 称为曝光因子，可以方便地确定焦距、曝光时间、管电流或源活度中任一个发生改变时，如何修正其他的量来保证曝光量不发生改变。应注意的是，这个关系式都是在一定的条件下才可以应用的，是对于给定的 X 射线探伤机、在给定的胶片、透照电压下得到的关系，如果应用到不同的胶片，必须结合胶片的感光特性曲线，作出进一步的考虑。

一些标准中对 X 射线照相推荐了下面的最小曝光量值。

1) 对一般灵敏度技术曝光量应≥15mA·min。

2) 对较高灵敏度技术曝光量应≥20mA·min。

3) 对高灵敏度技术曝光量应≥30mA·min。

应注意的是，这些值对应的焦距约为 700mm，如果焦距改变，应按平方反比定律对上述曝光量进行修正。

例 1：透照一铝合金试件，管电压 90kV，管电流 5mA，曝光时间 2.5min，焦距 700mm，管电压不变，在黑度保持不变的情况下焦距变为 900mm，求管电流和曝光时间。

解：已知 $i_1 = 5\text{mA}$，$t_1 = 2.5\text{min}$，$F_1 = 700\text{mm}$，$F_2 = 900\text{mm}$，求 i_2 和 t_2 的值。

由 $i_1 t_1 / F_1^2 = i_2 t_2 / F_2^2$

得 $i_2 t_2 = i_1 t_1 F_2^2 / F_1^2 = 5 \times 2.5 \times 900^2 / 700^2 \text{mA} \cdot \text{min} = 20.7 \text{mA} \cdot \text{min}$

曝光量的值为 20.7mA·min，如果管电流 5mA，则曝光时间约为 4.2min。

实际工作中，应制作曝光曲线（见图 5-2），该曲线是探伤机、胶片型号、暗室处理方式、增感条件、焦距和基准黑度一定时制作，常用横坐标代表穿透厚度 T，纵坐标代表曝光量 E，管电压为变量的 E-T 曲线。根据试件穿透厚度向上做横轴的垂线，与代表管电压斜线相交一点，然后做通过该点的水平线与纵轴相交的点即为选定的曝光量值。

例 2：单壁透照 8mm 厚钢对接试板，根据给定的曝光曲线选择透照参数。

第一步：根据标准管电压限值查 8mm 厚钢试板焊缝允许的最高管电压，查得为 160kV，所以只能选用 160kV 以下的电压，而不能选取 200kV。

第二步：从横坐标选取 8mm 位置做垂线相交于低于 160kV 以下曲线。

第三步：从管电压曲线上的点做水平线交于纵轴，即为选取的曝光量的值，选择 120kV 时为 28mA·min，选择 140kV 时为 9.2mA·min。

曝光曲线应用起来比较方便，但应注意该曲线是在其他参数不变的情况下应用的，只能适用于制作曝光曲线的探伤机，当其他参数发生变化时应作出修正。

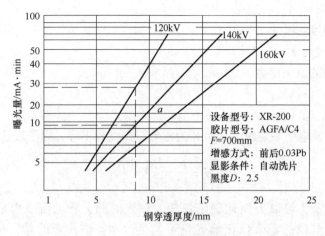

图 5-22　曝光曲线示例

知识点三：影像质量

1. 概述

射线检测是根据底片信息对工件质量进行评定的，底片图像本身质量满足要求是评片工作的前提，如果影像质量达不到要求，有些缺陷很可能无法检出。衡量影像质量最主要指标是射线检测灵敏度，它是指射线底片上可以观察到的缺陷最小尺寸或最小细节尺寸影像的难易程度。

评价灵敏度质量不适宜采用自然缺陷，为了量化灵敏度高低，采用和工件厚度有一定关联的丝、孔、槽等人工结构制作成像质计（IQI），作为监测影像质量的工具，称为像质计灵敏度。虽然底片上显示的最小像质计值不等同于工件中检出同样缺陷尺寸，但像质计灵敏度高表明底片质量高，可检出细微缺陷能力也高。

2. 影响灵敏度的因素

射线检测灵敏度是对比度、不清晰度和颗粒度三个要素综合作用的结果。

如图 5-23 所示，当透照垂直阶梯状的金属时，理想的情况下底片上只有两个黑度，即厚度小的部分，由于胶片接收射线强度大造成底片黑度大，但实际的黑度分布是在两个黑度之间存在一个缓慢变化的区域，缓慢变化区的黑度分布不是直线，而是存在坡脚和肩部的曲线，同时底片上黑度也存在不均匀现象。

（1）对比度 ΔD　在射线照相中，影像的对比度定义为射线照片上两个区域的黑度差，常记为 ΔD。对比度决定了在射线透照方向上的检出能力，总的对比度由主因对比度和胶片对比度构成，射线检测对比度公式见式（5-5）。

$$\Delta D = -\frac{0.434\mu G\Delta T}{1+n} \quad (5-5)$$

式中　μ——被检材料的线衰减系数；

　　　G——梯度；

　　　ΔT——缺陷在透照方向上的尺寸（mm）；

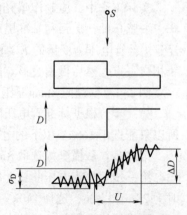

图 5-23　影像质量的基本因素

n——散射比，散射线强度与一次透射射线强度的比值。

（2）不清晰度　不清晰度描述的是影像边界扩展的程度。对工业射线检测，产生不清晰度的原因是多方面的，其中最主要的是几何不清晰度 U_g 和胶片固有不清晰度 U_i。

在图 5-24 中，理论上试件只有两个黑度值，两个厚度交界部分黑度是突变的，但实际黑度是模糊的，存在一个黑度过渡区，该区域宽度定义为不清晰度 U。

1）几何不清晰度。由于射线源总是具有一定的尺寸，当透照一定厚度的物体时，所成图像总会有一定的半影宽度，即几何不清晰度 U_g。

从图 5-24 中可以看到，几何不清晰度与射线源焦点尺寸大小、射线源至胶片的距离、工件本身的厚度（缺陷与胶片的距离）相关，几何不清晰度的计算见式（5-6）。

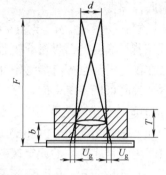

图 5-24　几何不清晰度形成示意

$$U_g = \frac{db}{F-b} \quad (5-6)$$

式中　d——射线源焦点尺寸（mm）；
　　　F——焦距，即射线源至胶片的距离（mm）；
　　　b——缺陷到胶片的距离（mm）。

可以看出，焦点尺寸越小、焦距越大、工件厚度越小则几何不清晰度也越小。在射线检测中，几何不清晰度应控制在规定的范围，在射线源焦点尺寸和厚度确定的情况下，主要是通过改变焦距控制几何不清晰度。贴片时尽量使根部未焊透等缺陷靠近胶片，使几何不清晰度最小。

2）固有不清晰度。固有不清晰度是入射到胶片的射线，在乳剂层中激发出的二次电子的散射产生的。能量越高，电子在乳剂层作用距离越大，一个光电子不止影响一个卤化银，也会使邻近的卤化银受到影响。

3）颗粒度。颗粒度 σ_D 就是描述在均匀的曝光下底片黑度不均匀性的概念，即眼睛就可以看到影像的黑度存在起伏的状况。

影像的颗粒度除了与胶片本身的性质有关外，主要与射线能量和曝光量有关，也与显影相关。不同类别的胶片在射线照相中形成的影像具有不同的颗粒度，感光度高的胶片颗粒度大，感光度低的胶片颗粒度小。感光乳剂的粒度小的胶片，得到的影像的颗粒度也小。对于某种类型的胶片，在较低能量的射线和较大的曝光量下透照，可以得到较小的颗粒度。显影时间过长，温度过高，也将引起颗粒度增大。

颗粒度限制了影像能够记录和显示细节的最小尺寸。一个尺寸很小的细节，在颗粒度较大的影像中，或者不能形成自己的影像，或者其影像将被黑度的起伏所掩盖，无法识别出来。为了检测细小的缺陷或者裂纹缺陷，应优先选用感光乳剂粒度细小的胶片，这是保证检测结果的基本条件。

项目一：系统性能校验

任务一：底片黑度测量

黑度是评价底片质量合格与否的重要参数，黑度低说明感光不足，导致对比度差，缺陷难于检出。黑度定义为入射光强 L_0 与透射光强 L 之比的常用对数值,黑度没有单位,入射光强代表的观片灯的强度,透射光强为光透过底片后的强度,如图 5-25 所示。

例:观片灯亮度为 $40000\text{cd}/\text{m}^2$,透射光强为 $30\text{cd}/\text{m}^2$,求底片黑度?

解:$D = \lg(L_0/L) = \lg(40000/30) = 3.12$

图 5-25 黑度

测量黑度的器材是黑度计(也称为光学密度计),黑度计在供货时都会配有参考密度片,密度片属于定检器材,日常评片时可用参考密度片测定黑度计的精度。黑度计操作比较简单,经过"校零"后,将需要测量位置置于触点处,按下测量壁仪器即可读出黑度值。例如,ISO 17636-1:2013 规定 A 级最低 2.0,B 级最低 2.3。每一张需要评定的底片都应测量黑度,且底片上的评定区范围黑度都应满足要求,如图 5-26 所示。

图 5-26 黑度测量

任务二:像质计指数识别

检查像质计指数就是按照工艺给出的检验等级和透照布置方法和透照厚度,与标准上给出的值进行比对,像质计丝一般应垂直放置于透照区焊缝中间位置,其位置应确保至少有 10mm 丝长显示在黑度均匀的区段(通常是在焊缝附近的母材上)才认为是可识别的。

评定底片前必须检查像质计是否符合要求,主要包括以下 3 点:

1)像质计材料与被检工件材料匹配,比如透照铝合金不能使用钢像质计。

2)像质计摆放是否正确,虽然一般焊缝透照丝型像质计垂直于焊缝,但双壁双影法检测小径管时,不同标准放置规定不同,国内习惯于丝垂直于焊缝,而 ISO 17636-1:2013 规定丝平行于焊缝,且不能遮挡焊缝,如图 5-27 所示。

3)根据检验等级和透照布置方法在相应的表格中查询,尤其注意的是:双壁双影法检测小直径管时像质计可以是射线源侧或胶片侧(透照前需要做灵敏度比对),并根据像质计放置位置查询。

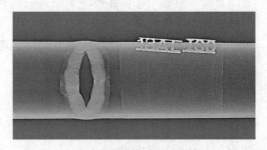

图 5-27 按照 ISO 17636-1:2013 小径管像质计的摆放

例： 透照 4mm 厚铝合金对接试板，底片像质计指数为 W16，是否符合 B 级检验等级？

答： 单壁透照，像质计应放置在射线源侧，在等级 B 的表格中（见表5-5），4mm 厚试板应对的像质计指数要求是 W17，因此该底片像质计灵敏度不符合 B 级要求。

表 5-5　单壁方法、像质计（IQI）位于射线源侧

等级 B 像质计数值标称厚度 t/mm	IQI 值
$t \leq 1.5$	W19
$1.5 < t \leq 2.5$	W18
$2.5 < t \leq 4$	W17
$4 < t \leq 6$	W16
$6 < t \leq 8$	W15

任务三：胶片灰雾度和胶片处理性能测试

（1）本底灰雾度值　未经曝光的胶片由于保存或温度的关系也会有一定的黑度，称为本底灰雾度 D_0。底片上黑度本应是胶片接收光子感光后反应，而灰雾度增加了底片的附加黑度，如果灰雾度控制在较低的值，对底片质量影响有限，标准上规定的本底灰雾度值≤0.3。

（2）显影　胶片感光后经过显影、停显、定影、水洗等流程后成为底片，底片上的黑度应与胶片接收一定强度能量有良好的对应关系，显影应体现这种对应关系，而不是人为控制显影温度、时间，甚至修改药液配方等人为干预黑度值。

（3）定影和水洗　经过处理过的胶片最终的质量往往取决于残留在胶片感光层的硫代硫酸盐（可能是较差的定影和水洗环节造成的残留），这会影响底片的保存。

（4）测试方法　按照 ISO 11699-2：2018《无损检测 工业射线照相胶片 第 2 部分 用参考值方法控制胶片处理》标准对胶片系统进行过程控制，一般是胶片制造商提供一种预先曝光的测试片，附带了显影温度、显影方法、化学试剂等说明，用户采用自己的显影设备，进行暗室处理，得出的灰雾度 D_0，一个黑度接近 2.0 的阶梯 X 和 $X+4$ 阶梯，见式（5-1）。

评价定影和水洗过程，采用一种测试溶液，每升蒸馏水中含有 10g 硝酸银和 30g 醋酸，把一滴测试液滴在已经处理过的胶片空白部分，2min 后在胶片另一面对着第一个点的地方重复上述步骤，得到的斑点和制造商给出的图谱进行比较，如图 5-28 所示。

图 5-28　胶片系统过程控制

项目二：射线检测操作

任务一：透照

例： 透照标称厚度 10mm，长度 300mm 钢对接试板。

要求：根据 ISO 17636-1：2013 标准的 B 级，选取器材，采用合理的曝光参数进行透照。

操作步骤：

第一步：管电压的确定。由于胶片和增感屏相关于管电压，管电压选择首先依据标准规定的上限值，其次是所用设备的适用范围。

在最高允许管电压图上查询 10mm 厚度钢的最高允许电压为 180kV，根据探伤机管电压范围选取适宜的值，例如 140kV。

第二步：器材的选择。器材选择包括像质计、胶片、增感屏等。

根据管电压 140kV，在表 5-6 中选择胶片等级和增感屏，根据检测等级和标称厚度在表 5-7 中选择像质计组别。

表 5-6 钢、铜和镍基合金透照使用的胶片系统等级和金属屏（摘自 ISO 17636-1：2013）

射线源/kV	穿透厚度	胶片系统等级		金属屏类型和厚度/mm	
		A 级	B 级	A 级	B 级
X 射线≤100	—	C5	C3	不用或铅屏（前后）≤0.03mm	≤0.03mm
100＜X 射线≤150				前后铅屏≤0.15mm	
150＜X 射线≤250			C4	前后铅屏 0.02～0.15mm	

表 5-7 单壁方法：像质计（IQI）位于射线源侧（摘自 ISO 17636-1：2013）

等级 B 像质计数值标称厚度 t/mm	IQI 值
t≤1.5	W19
1.5≤t≤2.5	W18
2.5＜t≤4	W17
4＜t≤6	W16
6＜t≤8	W15
8＜t≤12	W14

选取的器材为：10 FE ISO 组像质计，胶片选择长 300mm 的 C3/AGFA-C4，前后 0.03mm 铅增感屏。

第三步：确定焦距和曝光量。管电压按照确定的 140kV，在图 5-22 所示曝光曲线中，穿透厚度为 10mm 与 140kV 管电压曲线交于 a 点，从 a 点做水平线与纵轴相交的曝光量值为 16mA·min，探伤机最大管电流为 5mA，所以曝光时间为 3.2min。根据透照厚度和检测等级在图 5-19 诺模图中查得查 f_{min} 值为 120mm，为保证能一次透照 300mm，选择 700mm 的焦距。

第四步：透照布置。采用 ISO 17636-1：2013 标准中的透照布置如图 5-29 所示，为防止散射线，在暗袋下面放置背铅（或使用带有背铅的暗袋），可利用定位指针确认射线束垂直对准透照区中间位置。

第五步：粘贴像质计，放置铅字标记。一般底片上应该有搭接标记或铅字尺、中心标记、工件号、片号、标称厚度、透照返修次数等，可根据工艺要求取舍，铅字标记

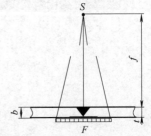

图 5-29 对接焊接试板的透照布置

尽量离开焊缝及热影响区以外。ISO 17636-1：2013 标准规定像质计放置在射线源侧工件表面、被检区中心焊缝附近的母材上，如图 5-30 所示。

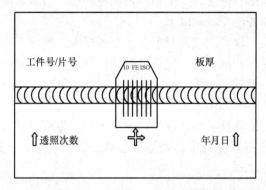

图 5-30　像质计和标记示例

第六步：曝光。起动探伤机，调节管电压、管电流和曝光时间，确认安全后曝光，曝光时遵守安全操作技术规程要求。

任务二：暗室处理

射线检测一般需要的工序：胶片的曝光、胶片的暗室处理、底片的评定。包括切装胶片、胶片处理等。

1. 切装胶片

切装胶片是射线检测前的准备工作，也须在暗室内完成。现成的工业胶片一般比常用的胶片尺寸大，所以检测前必须切开，切片的大小，根据透照部位和透照方式决定。切装胶片应注意的问题。

1）切前洗手，避免污染胶片。

2）切片可使用裁片刀，如图 5-31 所示，一刀不要切太多。一般一次一张。如果切割好的胶片，不能一次用完可包装好放回原胶片袋，或者放置到较大的底片袋中。

3）手持胶片时，应尽量接触侧边和边角部位。

4）操作时避免胶片之间、胶片与工作台面、胶片与暗袋之间的严重摩擦，避免胶片发生弯折或受到严重挤压。

图 5-31　裁片刀

5）必须在安全红灯照明下进行。

2. 胶片处理

胶片处理分手工处理和自动洗片，处理过程一般包括：显影→停显→定影→水洗→干燥。

（1）手工处理

1）显影。操作：显影温度为 18~21℃，时间为 4~8min，显影之初和显影过程中要使胶片上下移动，以保证显影液的新鲜。显影应注意的问题：

第一，显影液的配置。使用的水温以 50℃ 为宜。按显影液配置要求的排列顺序和数量逐一加入其他药品，待前一种药品完全溶解后，再加入下一种药品，最后加入清水至全量。

新配显影液应经过滤并停放 24h 后再使用;配制显影液的器皿应使用玻璃、搪瓷、塑料或不锈钢器皿,不可用黑色金属,以及含锌或铜的器皿。

显影液中如有对苯二酚和碱液时,配制一定注意防护。若显影液溅入眼睛,应在 15s 内用清水进行冲洗,并持续冲洗 15min 以上。

第二,显影液的放置。显影液应密封保存、避免高温。槽中显影应加盖,盘中显影液用完应及时倒入瓶中密封保存,减少与空气接触时间,延长其使用寿命。

第三,显影时间。一般规定为 4~6min。适当地延长和缩短时间,能补救由透光带来的曝光误差。时间对显影的影响如图 5-32 所示。

第四,显影温度。显影温度对显影效果影响较大:灰雾度、梯度和感光度受温度的影响如图 5-33 所示。同时,若显影温度高,则显影速度快;若温度低,则显影速度慢。推荐的显影温度应控制在 18~20℃。

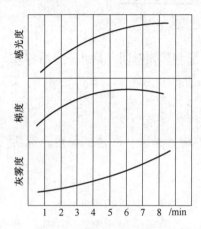

图 5-32　时间对显影的影响

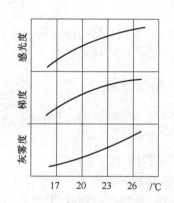

图 5-33　显影温度对射线底片影像质量的影响

第五,显影时的搅动。如果胶片在显影液中静止不动,会造成显影不均匀的条纹,为保证显影均匀,应不断进行搅动操作,胶片进入显影液的最初 1min 内应注意多加搅动。

第六,显影液活性。显影液的活性取决于显影剂的种类和浓度以及 pH 值。显影液在使用过程中,显影剂浓度逐渐减少,显影剂氧化物逐渐增加,pH 值逐渐降低,溶液中卤化物离子逐渐增加,将导致显影作用减弱,活性降低,这种现象称为显影液老化。使用老化的显影液,显影速度变慢,反差减小,灰雾增大。

为保证显影效果,可在活性减弱的显影液中加入补充液。补充液应具有比显影液更高的 pH 值,更高的显影剂和亚硫酸盐浓度。每次添加的补充液最好不超过槽中显影液总体积的 2% 或 3%,当加入的补充液达到原显影液体积 2 倍时,药液必须废弃。

2)停显。将胶片先放入停显液中,并不停搅拌,时间一般为 0.5min。停显液通常为 1.5%~5% 的乙酸溶液,其他停显液有酒石酸、柠檬酸、亚硫酸氢钠等或者直接用水;停显液温度较高时,药膜极易损伤,可在停显液中加入坚膜剂无水硫酸钠。

3)定影。胶片浸入定影液 1min 内上下移动,一般为 15min。应注意以下问题。

第一,定影时间。定影过程中,胶片乳剂膜的乳黄色消失变为透明的现象称为"通透",从胶片放入定影液直至通透的这段时间称为"通透时间"。一般规定整个定影时间为通透时间的 2 倍。

第二，定影温度。温度影响到定影速度，随着温度的升高，定影速度将加快，但温度如果过高，胶片乳剂膜过度膨胀，容易造成划伤或药膜脱落。通常规定为 16~24℃。

第三，定影液的老化。定影液在使用过程中定影剂不断消耗，浓度减小，而银的铬合物和卤化物不断积累，浓度增大，使得定影速度越来越慢，所需时间越来越长，此现象称为定影液的老化。老化的定影液在定影时会生成一些较难溶的银盐铬合物，虽经过水洗也难以除去，仍残留在乳剂层中，经过若干时间后，会分解出硫化银，使底片变黄。对使用中的定影液，当需要的定影时间已达到或超过新液所需时间的 2 倍时，即认为已经失效，需更换新液。

第四，定影时的搅动。搅动可以提高定影速度，并使定影均匀。在胶片刚放入定影液中时，应作多次抖动。在定影过程中，应适当搅动，一般每 2min 搅动一次。

第五，定影液的配制。配制定影液时应注意：①配方中药品称重和逐一顺序加入，等前一种药品完全溶解后，再加入下一种。②由于硫代硫酸钠溶解时为吸热反应，因此在配制时水温可提高到 60~70℃，否则溶解速度过慢。③醋酸加入时，原液温度应≤25℃，并慢慢加入，边加入边搅拌，否则有析出胶体硫的可能。④硼酸较难溶于凉水，可用热水溶解，再倒入定影液中。

4）水洗。胶片在定影后，应在流动的清水中冲洗 20~30min。推荐使用的条件是采用 16~24℃ 的流动清水冲洗底片。当水温较低时，应适当延长水洗时间；当水温较高时，应适当缩短水洗时间，同时应注意保护乳剂膜，避免损伤。

5）干燥。干燥的方法有自然干燥和烘干两种。自然干燥是将胶片悬挂起来，在清洁通风的空间晾干。烘干是把胶片悬挂在烘箱内，用热风烘干，热风温度一般应≤40℃。

为防止干燥后的底片产生水迹，可在水洗后、干燥前进行润湿处理，即把水洗后的湿胶片放入润湿液（质量分数约为 0.3% 的洗洁精水溶液）中浸润约 1min 后取出，使水从胶片表面滴落，再进行干燥。

（2）自动洗片 洗片一般采用自动洗片机进行，如图 5-34 所示，自动洗片机的结构如图 5-35 所示。自动洗片适用于种类单一、数量大、厚度变化相对较小的情形。自动洗片是采用连续冲洗方式，能自动完成显影、定影、水洗、烘干整个暗室处理过程。

图 5-34　自动洗片机

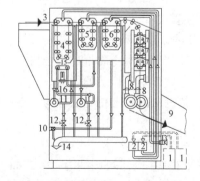

图 5-35　自动洗片机工作流程

自动洗片应注意的事项：

1）自动洗片机正式投入使用前，除对主机作大量的调整试验外，由于自动洗片机显影的温度和时间是固定的，故对曝光参数要求较为苛刻，必须对所有射线探伤机重新制作曝光曲线，以适应自动洗片机的特点，否则底片的黑度不能达到预期效果。在透照时应严格按照采用自动洗片条件制作的新曝光曲线控制拍片条件，才能得到满意的底片。

2）每次使用前要开机预热一段时间，使各项温度均满足自动洗片条件。起始时，先输入一张35cm×43cm的清洗片，等它输出后检查无异常时，才能连续输入需冲洗的胶片。清洗片的作用是清除掉暴露在空气中的滚筒上沾染的被空气氧化的显影液和定影液。最好的清洗办法是在自动洗片机工作结束或工作开始前，将送片滚筒取出用清水冲洗。

3）清洗片和胶片输入时必须注意与导向边一端成直角送入，并注意不让暗盒等器物的油污、灰尘沾污胶片，尤其要防止异物进入洗片机，防止划伤滚筒。

4）普通手工冲洗显影液不能用于自动洗片机，自动洗片机必须使用专门的配方配制的药液（见图5-36）。

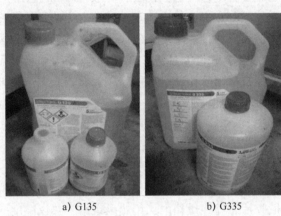

a) G135　　　　b) G335

图5-36　自动洗片机专用药液

项目三：底片评定和记录

任务一：底片评定的主要工作及要求

1. 主要工作

底片的评定简称评片，主要工作包括：

1）评定底片本身质量是否合格。

2）正确识别底片上的影像。

3）依据从底片上得到的被检工件内部质量数据，按照验收标准或技术条件对其质量作出评价。

2. 评片工作的要求

评片工作的要求可归纳为三个方面，即底片质量要求、设备环境要求和人员要求。

（1）底片质量　为得到准确的结果，所评定的底片必须是合格的底片，只有符合质量要求的底片才能作为评定工件质量的依据。对底片质量的要求一般可分为四个方面：①黑度应处于规定的范围。②射线照相灵敏度应达到规定的要求。③标记系统应符合相关规定。④底片质量应满足标准规定。

1）黑度。一般底片上由于射线穿透厚度变化所引起的黑度值变化的范围，其下限不应低于规定数值，上限不得高于观片灯可以观察的最高值。底片黑度用黑度计测定，只有当有效评定区内各点的黑度均在标准规定的范围内，才能认为该底片黑度符合要求。

2）灵敏度。对底片的灵敏度检查内容包括：底片上是否有像质计影像，像质计型号、规格、摆放位置是否正确，能够观察到像质计的金属丝像质计丝号是多少，是否达到了标准规定的要求等。

（2）标记　底片上应有完整的识别标记（如被检工件的编号、部位编号、透照单位、透照日期、被检工件厚度等）和定位标记（如中心标记、搭接标记等）的影像，这对于识别底片、缺陷定位、建立档案资料是必不可少的标志。标记的影像应完整显示，并应位于底片的非评定区，以免干扰对缺陷的识别。

"B"字标记代表了背散射的情况。照相时，在暗盒背面贴附一个"B"铅字标记，观片灯若发现在背景上出现"B"字影像较淡，说明背散射严重，应采取防护措施重新拍照；不出现"B"字或在较淡背景上出现较黑"B"字，说明底片未受背散射影响，符合要求。黑"B"字是由于铅字标记本身引起射线散射产生了附加增感，不能作为底片质量判废的依据。

（3）底片表现质量　不应存在明显的机械损伤、污染和伪缺陷。如果底片表观质量不合格，有可能会导致质量评定出现错误或无法长期完好保存底片。

（4）设备环境　观片室应与其他工作岗位隔离，单独布置，室内光线应柔和偏暗，一般等于或略低于透过底片光的亮度。室内照明应避免直射人眼或在底片上产生反光，观片灯两侧应有适当位置放置底片和记录。黑度计、直尺等常用仪器和工具应就近放置，方便取用。

评片用的各种工具应齐全，主要包括以下几种：①放大镜：用于观察影像细节，放大倍数一般为2~5倍，最大不超过10倍。②遮光板：观察底片局部区域或细节时，遮挡周围区域的透射光，避免多余光线进入评片者眼中。③直尺：最好是透明塑料尺。④记号笔：用于在底片上做标记。⑤手套：避免评片人手指与底片直接接触，产生污痕。

（5）人员条件　担任评片工作的人员应符合以下要求。

1）具有一定的评片实际工作经历和经验。

2）除了系统地掌握射线检测理论知识外，还应具有相关专业知识。

3）应充分了解被检试件的状况，如材质、加工工艺、热处理工艺及表面形态等。

4）应充分了解所评定的底片的射线照相工艺及工艺执行情况。

5）应具有良好的职业道德和高度的工作责任心。

6）应具有良好的视力。

任务二：底片评定步骤及影响因素

1. 评片步骤

（1）进入评片室　评片人员从室内光线转入评片暗室适应时间不能少于30s，从日光下转入评片暗室适应时间不能少于5~10min。

（2）通览底片　通览底片的目的是获得总体印象，找出需要分析研究的可疑影像。通览底片应注意评定区域不是局部，而是整体；评定焊缝底片，不仅仅是焊缝，还包括焊缝两侧的热影响区，对这两部分区域都应仔细观察。由于工件结构的影响，底片黑度差异往往较大，有时需要调节观片灯亮度，在不同的光强下分别观察。

（3）影像细节观察　影像细节观察是为了做出正确的分析判断。因细节的尺寸和对比度极小，识别和分辨是比较困难的，为尽可能看清细节，常采用下列方法。

1）调节观片灯亮度，寻找最适合观察的透过光强。
2）用纸框等物体遮挡住细节部位邻近区域的透过光线，提高对比度。
3）使用放大镜进行观察。
4）移动底片，不断改变观察距离和角度。

2. 常见的伪缺陷

伪缺陷是指由于照相材料、工艺或操作不当在底片上留下的影像，常见的有以下几种。

（1）划痕　胶片被尖锐物体（指甲、器具尖角、胶片尖角、砂粒等）划过，在底片上留下的黑线，划痕细且光滑，十分清晰，如图 5-37 所示。识别方法是借助反射光观察，可以看到底片上药膜有划伤痕迹。

（2）压痕　胶片局部受压会引起局部感光，从而在底片上留下压痕。压痕是黑度很大的黑点，其大小与受压面积有关，借助反射光观察，可以看到底片上药膜有压伤痕迹。

（3）折痕　胶片受弯折，会发生减感或增感效应。曝光前受折，折痕为白色影像，曝光后受折，折痕为黑色影像，如图 5-38 所示，最常见的折痕形状呈月牙形。借助反射光观察，可以看到底片有折伤痕迹。

图 5-37　划痕

图 5-38　折痕

（4）水迹　由于清洗时水质不好或底片干燥处理不当，会在底片上出现水迹，水滴流过的痕迹是一条黑线或黑带，水滴最终停留的痕迹是黑色的点或弧线。

水迹可以发生在底片的任何部位，黑度一般不大。水流痕迹直而光滑，可以找到起点终点；水珠痕迹形状与水滴一致，如图 5-39 所示。借助反射光观察，有时可以看到底片上水迹处药膜有污物痕迹。

（5）静电斑纹　切装胶片时，因摩擦产生的静电发生放电现象使胶片感光，在底片上留下黑色影像。静电斑纹以树枝状为最常见（见图 5-40），也有点状或冠状斑纹影像。静电斑纹比较特殊，易于识别。

图 5-39　水迹

图 5-40　静电斑纹

模块五 射线检测

（6）显影斑纹 由于曝光过度、显影液温度过高、浓度过大导致快速显影，或因显影时搅动不及时，均会造成显影不均匀，从而产生显影斑纹；显影斑纹呈黑色条状或宽带状，在整张底片范围出现，影像对比度不大，轮廓模糊，一般不会与缺陷影像混淆。

（7）显影液沾染 显影操作开始前，胶片上沾染了显影液。沾上显影液的部位提前显影，黑度比其他部位大，影像可能是点、条或成片区域的黑影。

（8）定影液沾染 定影操作开始前，胶片沾染了定影液，沾上定影液的部位发生定影作用，使得该部位黑度小于其他部位，影像可能是点、条或成片区域的白影。

（9）增感屏伪缺陷 由于增感屏的损坏或污染使局部增感性能改变而在底片上留下的影像，如增感屏的裂纹或划伤会在底片上造成黑色伪缺陷影像，而增感屏上的污物在底片上造成白色影像。

增感屏引起的伪缺陷，在底片上的形状和部位与增感屏上完全一致，当增感屏重复使用时，伪缺陷会重复出现，避免此类伪缺陷的方法是经常检查增感屏，及时淘汰损坏了的增感屏。

任务三：记录

检测记录应按照现场操作的实际情况，详细记录检测过程中有关信息和数据。
1）透照参数：管电压、管电流、曝光时间、焦距。
2）设备器材：探伤机型号、胶片、增感方式。
3）结论：按照相关标准判定是否合格或分级。表5-8 给出了焊缝射线检测记录示例。

表 5-8 焊缝射线检测记录（示例）

单位：				射线检测报告		工件名称：	
项目名称：						工件编号：	
编制		审核		批准		版本	
日期		日期		日期			

制造商：　　　　　　　　　　　　　客户：
焊缝/胶片宽度：　　　　　　　　　胶片黑度：
检测日期：　　　　　　　　　　　　检测依据：
焊接工艺过程：　　　　　　　　　　检查范围：
洗片方式：　　　　　　　　　　　　X-射线仪器：
母材：

焦点尺寸/mm	穿透厚度/mm	射线透照技术等级	胶片系统等级/型号	增感屏类型	射线源距工件距离/mm	管电压/kV	管电流/mA	曝光时间/min	焊缝

透照布置图

· 113 ·

(续)

工件编号	焊缝编号/底片编号	像质值要求/实际	缺欠/位置	标记[①]	评价[②]/日期

① 标记：1 = 没有缺欠；2 = 较小的缺欠；3 = 可以接受的缺欠；4 = 有缺欠，需要修理；5 = 有缺欠，需要重新焊接。
② 评价：e = 合格；ne = 不合格。

日期	拍片	评片

任务四：射线防护

由于射线对人体具有伤害，需要防护，本节介绍有关射线防护知识。

1. 防护原则

辐射防护的目的是防止发生有害的非随机效应，将随机效应的发生率限制在被认为是可以接受的水平范围之内，从而尽量降低辐射可能造成的危害。为了实现上述防护目的，在辐射防护中应遵循三项原则，即正当化原则、最优化原则和限值化原则。

（1）正当化原则　实践中，应保证这种实践对人群和环境产生的危害小于为其带来的利益，即获得的利益必须超过付出的代价，否则不应进行这种实践。

（2）最优化原则　应当避免一切不必要的照射，任何伴随电离辐射照射的实践，在符合正当化原则的前提下，在考虑了经济和社会因素后，射线源的设计和利用以及与此相关的实践，应保证将辐射照射保持在可以合理达到的尽量低的水平。考虑时应包括剂量大小、受照人数以及不一定但有可能受到的照射等多个方面。

（3）限值化原则　在符合上述两个原则的前提下，应保证个人所接收的照射剂量当量不超过规定的相应限值。

2. 防护方法

对外照射主要从照射时间、照射距离和屏蔽三方面来控制人员所受到的照射剂量。

(1) 时间防护　减少受到照射的时间可以减少接受的照射剂量。在照射率一定时，由于剂量为剂量率和时间的乘积，所以，根据剂量率的大小可以确定允许的受照射的时间。

(2) 距离防护　将射线源看成点状源，则辐射场中某点的照射剂量与该点距射线源的距离的平方成反比。所以，增大距离可以迅速降低所受到的照射剂量。

(3) 屏蔽防护　根据射线的衰减规律，如果在工作人员与源之间设立适当的屏蔽物体，则射线穿透屏蔽物体后强度将会大大降低，从而减少产生的照射剂量。

对于 X 射线和 γ 射线而言，最常用的屏蔽材料为铅和混凝土。

3. 辐射防护监测

辐射防护监测是估算和控制公众及放射性工作人员所受辐射剂量的测量工作，它包括测量纲要制定、测量实施和结果解释。辐射防护监测包括个人监测、场所监测、环境监测、流出物监测和事故监测。

1) 个人监测。主要是测量被辐射照射的个人所接受的剂量，测量工作人员接受的累积剂量，可避免工作人员受到超剂量的照射，同时也有助于分析超剂量的原因，为治疗和研究辐射损伤提供数据。

2) 场所监测和环境监测。主要是测定工作场所和周围环境的辐射水平，从而预测工作人员和公众人员可能受到的辐射程度，也可以为各种辐射防护设计提供准确的数据，并以此采取正确的防护措施，确保工作人员和公众人员的安全。

3) 流出物监测。是对进行放射性工作的单位之排放物进行监测，测量其排出物中可能含有的放射性核素的活度与总量，避免其对环境造成污染，对公众和社会造成危害。

4) 事故监测。是迅速确定有关数据，以便采取措施。

对工业射线检测工作来说，主要是进行个人剂量监测和场所辐射水平监测。

剂量监测方法按原理可分为电离法、闪烁法、感光法、固体发光法、化学法、热能法。

1) 电离法。利用辐射对气体的电离作用，测定产生的电离电流，从而测出辐射剂量。

2) 闪烁法。利用闪烁体在辐射作用时的荧光辐射，通过光电倍增管测定电流，以测出辐射剂量。

3) 感光法。利用辐射对胶片的感光作用，测定产生的黑度，以此测出辐射剂量。

4) 固体发光法。利用辐射可引起一些物质发生物理变化，如热释光、光致发光等测量辐射剂量。

5) 化学法。利用辐射可引起一些物质发生化学变化，如硫酸亚铁的二价铁离子在辐射作用下转变为三价铁离子等测出辐射剂量。

6) 热能法。利用辐射在物质中损失的能量转化为热，使物体温度升高，然后测出辐射剂量。

不同的方法具有不同的特点。场所剂量监测常用的剂量计是携带式照射量率计和巡测仪。巡测仪主要有电离室、闪烁计数器、盖革计数管和正比计数器剂量仪。在选用剂量仪器时考虑的主要因素是仪器灵敏度、量程、能量响应、响应时间和抗干扰能力等。图 5-41 和

图 5-42 分别为某种防护监控仪和热释光剂量计。

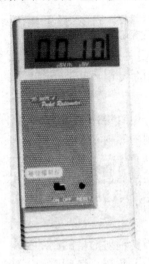

图 5-41 辐射防护监控仪

图 5-42 热释光剂量计

模块六

涡流检测

知识目标：
1) 掌握涡流检测技术的物理基础、涡流检测的优点和局限性。
2) 认识和了解涡流检测仪器、探头和对比试块等检测器材。

能力目标：
1) 能依据工艺文件的要求设置涡流检测参数、完成系统性能校验、执行涡流操作的能力。
2) 能识别涡流检测缺陷显示信号，能完整、准确记录检测结果。

任务描述：
1) 通过阅读作业指导书，完成涡流检测设备、器材的准备。
2) 对工件进行涡流检测。

知识准备（1）：涡流检测的物理基础

知识点一：涡流检测技术应用范围

1. 缺陷检测

涡流检测不仅对于导电材料表面或近表面的裂纹、孔洞以及其他类型的缺陷，涡流检测具有良好的检测灵敏度并能提供缺陷深度的信息，还可以发现干薄的油漆层或涂层下的缺陷。

2. 材质分选

涡流法可以用来测量金属表面层的电导率，也可以用来检测与电导率数值有对应关系的性能，如化学成分和组织状态等。因此，涡流检测可以成功地用于按牌号分选合金，检测材料热处理质量及力学性能等。

3. 测厚

因为试件的涡流与被检棒材的直径、管材的壁厚及薄板材的厚度有关，所以，涡流检测可以测量工件厚度。同时，检测线圈与金属间的距离对涡流也有影响，因此，也可以利用涡流法来检测金属表面非导电覆盖层的厚度以及小的空间间隙的大小（如导电旋转轴的径向振动及轴向位移等)。

4. 涡流检测在不同领域的典型应用

涡流检测广泛应用于金属、非金属导电材料的检测和质量控制。由于涡流因电磁感应而生，故而进行涡流检测时，检测线圈不需要与被检工件紧密接触，不需要使用任何耦合剂，检测过程也不影响被检材料或工件的使用性能。

在工业生产中，涡流检测能广泛地应用于各种金属管、棒、线、丝材的检测；也广泛应用于油田抽油杆或钻探杆的检测，能有效地检出杆表面的周向缺陷；应用于汽轮机叶片、大轴中心孔和航空发动机叶片的表面裂纹、螺孔内裂纹、飞机的起落架、轮毂和铝蒙皮下缺陷检测，能得到去伪存真的检测效果；应用于机械零部件混料分选，渗碳深度和热处理状态评价，硬度测量等。

在轨道交通装备行业中，涡流检测主要应用于关键零部件不去除油漆状态下的检测，如车轴、构架焊缝、齿轮箱等。

知识点二：涡流检测的原理

1. 概述

涡流检测是基于电磁感应原理的一种无损检测方法，它适用于金属和部分非金属导电材料。由于电磁感应，当被检工件在变化着的磁场中或相对于磁场运动时，被检工件内部会感生出漩涡状流动的电流，称为涡流。涡流检测是涡流效应的一项重要应用。

2. 涡流检测原理

由电磁感应理论可知，通以交变电流的检测线圈靠近导电体而产生涡流，而与涡流伴生的感应磁场会与原磁场叠加，结果使得检测线圈的复阻抗发生改变。由于导电体内感生涡流的幅值、相位、流动形式，以及其伴生磁场不可避免要受导电体的物理，以及其制造工艺性能的影响，因此通过监测线圈阻抗的变化，即可非破坏性地评价被检材料或工件的物理或工艺性能或发现某些工艺性缺陷，此即为涡流检测的基本原理（见图 6-1）。常规涡流检测通常使用较高的频率（数百到数兆赫兹），涡流渗透深度较浅，因此常规涡流检测是一种表面或近表面的无损检测方法。

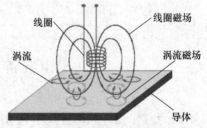

图 6-1 涡流检测原理

3. 涡流检测的基本概念

（1）电阻抗 检测线圈拾取的涡流信号可由线圈的感抗变化来表示。线圈的感抗包括阻抗和电抗，分述如下：

1）阻抗——能量损耗。无论交流电流或直流电流通过导体材料，电荷在导体中移动将克服一定的阻力，即电阻（R）。导体材料的电阻使部分电能转化为热，损耗一定的能量。激励电流在线圈中流动，或感应电流在被测导体（工件）中流动均要损耗能量，不同试件因导电率、磁导率等影响因素各异，能量损耗的大小也不一样。铁磁材料的磁滞损耗也等效为有功电阻增大，如图 6-2 所示。

2）电抗——能量存储。当电流通过导体时，导体周围形成磁场，部分电能转化为磁场中的磁能，在一定条件下磁场的磁能可转变成感应电流，如图 6-3 所示为自感现象的能量转化示意图。涡流检测中,除了自感现象以外,两个相邻的线圈间还有互感现象存在。无论自感电流。或互感电流所形成的磁场,总要阻碍原电流增强或减弱,这就是感抗的作用。同理,电容器对电压变化的阻碍作用称为容抗,感抗和容抗统称为电抗。一般地说,磁性材料增强检测线圈的电抗,非磁性材料削弱检测线圈的电抗。

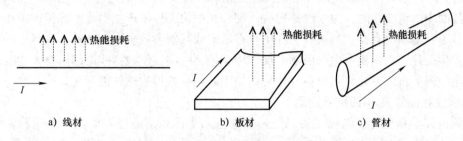

图 6-2 电流在导体中流动热能损耗

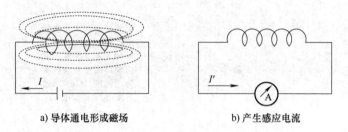

图 6-3 能量存储

(2) 相位 相位是涡流信号的重要特征。随着涡流深度的增加,涡流信号的相位角也在按负指数函数的规律随时间产生相应的滞后。电导率、磁导率和检测频率的平方根与涡流信号的相位角滞后成正比,即电导率和磁导率越大,感应涡流信号在材料中的相位越滞后;检测频率越高,涡流响应信号的相位滞后现象越显著。

(3) 涡流电阻抗的测量 涡流检测就是通过测量涡流传感器的电阻抗(Z)变化值实现的,电阻抗包括阻抗(R)和电抗(X)(见图6-4)。即

$$Z = R + X$$

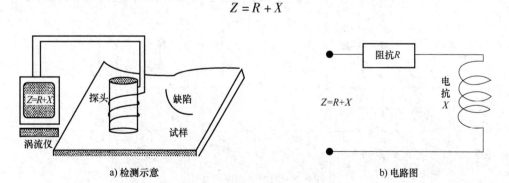

图 6-4 涡流检测的阻抗和电抗

线圈中的电流和电压关系为

$$I = \frac{U}{Z} \tag{6-1}$$

由式（6-1）可知，当电源电压 U 一定时，电流 I 随线圈阻抗 Z 增大而减小。因此测出电流 I 的变化，进而探知金属试件中负载的变化。

当线圈中电流变化时，由于电磁感应，则会在被检工件中产生涡流。涡流的大小、分布等与被检工件的状况有关。当被检工件中存在缺陷或某些参数发生变化时，被检工件中的涡流就会发生变化，而涡流产生的磁场会反作用于检测线圈，使检测线圈的阻抗发生变化。因此，测定线圈阻抗的变化，就可得知金属试块中缺陷或其他物理性能变化。

4. 涡流检测的显示-阻抗平面图

以阻抗 R 为横坐标，电抗 X 为纵坐标形成直角坐标系，通过涡流仪器测定检测线圈的电阻抗变化量，可在上述坐标系标记一个点 P。P 点是一矢量点，具有一定的幅度和相位，如图 6-5 所示的阻抗平面图。

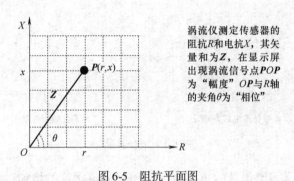

图 6-5　阻抗平面图

电阻抗变化在阻抗平面图上的表现：由于各种因素造成涡流信号分量——阻抗 R 或电抗 X 值的变化，阻抗平面图上的涡流检测信号矢量点 P 将随之发生位移，P 点位移后涡流信号的幅度（Z）和相位（θ）也随着改变，如图 6-6 所示。

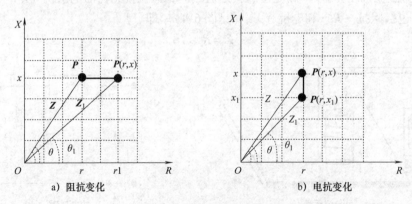

a) 阻抗变化　　　b) 电抗变化

图 6-6　阻抗平面图的变化

知识准备（2）：涡流检测技术和参数

知识点一：涡流检测技术的分类

1. 按照检测方法分类

（1）单频技术　以单一频率激励探头实施涡流检测的技术。

（2）多频技术　以多个频率同时或依次激励同一探头并将分别得到相应频率涡流信号进行混频的技术。

（3）单参数技术　仅利用涡流信号的一个特征量（如幅值、相位等）实施检测的技术。

（4）多参数技术　利用一个以上涡流信号特征量（如幅值、相位等）进行评价的涡流检测技术。

（5）脉冲技术　利用脉冲涡流实施检测的技术。

（6）反射技术　激励单元和接收单元处于被检工件同一侧面实施涡流检测的技术。

（7）穿透技术　激励单元和接收单元分别处于被检工件两侧的涡流检测技术。

（8）远场技术　利用涡流远场效应实施检测的技术，一般用于在役铁磁材质管道的检测，该技术采用一个发射和接收分离的内穿式探头，且发射和接收线圈之间距离较远。

2. 按照传感器分类

涡流传感器的类型多种多样，分类方法也很多，常见的分类方法有以下几种。

1）按激励源的波形和数量的不同进行分类，有正弦波、脉冲波和方波等；根据频率数的多少，有单频、双频和多频等（见图 6-7）。

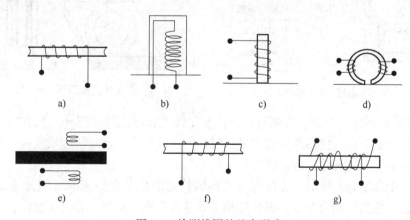

图 6-7　检测线圈的基本形式

2）按检测线圈输出信号的不同分类，有参量式和变压器式两类。参量式线圈输出的信号是线圈阻抗的变化，一般它既是产生激励磁场的线圈，又是拾取工件涡流信号的线圈，所以又叫自感式线圈。变压器式线圈，输出的是线圈上的感应电压信号，一般由两组线圈构成，一个专用于产生交变磁场的激励线圈（或称初级线圈），另一个用于拾取涡流信号的线圈（或称次级线圈），又叫互感式线圈。

3）检测线圈按其和工件的相对位置分类，有外穿过式线圈、内通过式线圈和放置式线圈三类。

外穿过式线圈：这种线圈是将工件插入并通过线圈内部进行检测，如图6-8所示。它能检测管材、棒材、线材等，是可以从线圈内部通过的导电试件。由于采用穿过式线圈，容易实现涡流检测的批量、高速检测，且易实现自动化检测。因此，广泛地应用于小直径的管材、棒材、线材试件的表面质量检测。

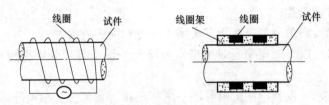

图6-8　外穿过式线圈结构

内通过式线圈：在对管件进行检测中，有时必须把探头放入管子的内部，这种插入试件内部进行检测的探头称为内通过式探头，如图6-9所示，也叫内部穿过式线圈，它适用于冷凝器管道（如钛管、铜管等）的在役检测。

放置式线圈：又称点式线圈或探头，如图6-10所示。在无损检测时，把线圈放置于被检工件表面进行检测。这种线圈体积小，线圈内部一般带有磁芯，因而具有磁场聚焦的性质，灵敏度高。它适用于各种板材、带材和大直径管材、棒材的表面检测，还能对形状复杂的工件某一区域作局部检测。

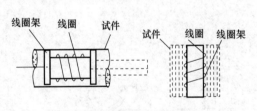

图6-9　内通过式线圈结构

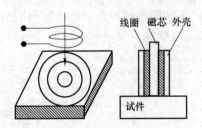

图6-10　放置式线圈结构

4）线圈按绕制方式分类，有绝对式、标准比较式和自比较式三种。只有一个检测线圈工作的方式称为绝对式，使用两个线圈进行反接的方式称为差动式。差动式按试件的放置形式不同又有标准比较式和自比较式两种。

绝对式：如图6-11a所示，直接测量线圈阻抗的变化，在检测时可用标准试件放入线圈，调整仪器，使信号输出为零，再将被检工件放入线圈，这时，若仍无输出，表示试件和标准试件的有关参数相同。若有输出，则依据检测目的不同，分别判断引起线圈阻抗变化的原因是裂纹还是其他因素。这种工作方式可用于材质的分选和测厚，又可进行无损检测。

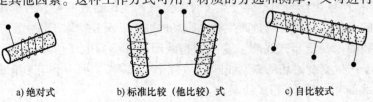

a）绝对式　　　b）标准比较（他比较）式　　　c）自比较式

图6-11　检测线圈接线方式

标准比较式：典型的差动式涡流检测，采用两个检测线圈反向连接成为差动形式。如图 6-11b 所示，一个线圈中放置标准试件（与被检试件具有相同材质、形状、尺寸且质量完好），而另一个线圈中放置被检试件。由于这两个线圈接成差动形式，当被检试件质量不同于标准试件（如存在裂纹）时，检测线圈就有信号输出，因而实现对试件的检测目的。

自比较式：自比较式是标准比较式的特例。采用同一检测试件的不同部分作为比较标准，故称为自比较式。如图 6-11c 所示，两个相邻安置的线圈，同时对同一试件相邻部位进行检测时，该检测部位的物理性能及几何参数变化通常是比较小的，对线圈阻抗影响也比较微弱。如果将两个线圈差动连接，这种微小变化的影响便几乎被抵消掉，如果试件存在缺陷，当线圈经过缺陷（裂纹）时将输出相应急剧变化的信号，且第一个线圈或第二个线圈分别经过同一缺陷时所形成的涡流信号方向相反。

涡流检测线圈也可接成各种电桥形式。现代通用的涡流检测仪使用频率可变的激励电源和一交流电桥相连，测量因缺陷产生的微小阻抗变化电桥式仪器一般采用带有两个线圈的探头。

绝对式探头对影响涡流检测的各种变化（如电阻率、磁导率以及被检材料的几何开头和缺陷等）均能作出反应，而差动式探头给出的是材料相邻部分的比较信号。当相邻线圈下面的涡流分布发生变化时，差动式探头仅能产生一个不平衡的缺陷信号。因此，表面检测一般均采用绝对式探头，而对管材和棒材的检测，绝对式探头和差动式探头均可采用。

知识点二：涡流检测的主要技术参数

1. 频率

在仪器上调节能连接探头的频率，频率的选择依赖于所使用的探头的应用范围，频率一般为 10Hz~10MHz。

有些涡流检测系统具有探头自动适配功能，系统会决定探头的最佳工作频率并使用。

2. 前置放大

为了适应所使用的涡流探头，仪器一般具有前置放大功能。前置放大功能可以在 0dB 到几十分贝范围内步进调节。前置放大调节时，应避免过载。

3. 增益（灵敏度）

调节信号的幅值以获得涡流检测信号的最佳显示。增益值可以在 0dB 到几十 dB 范围内进行调节。增益显示表示出 X 轴和 Y 轴两个方向上各自的总增益值。

4. 矢量旋转（相位调节）

矢量旋转（相位调节）使信号绕系统坐标原点进行旋转，使缺陷信号被指定在某一精确方向。旋转角度从 0~359.5°以 0.5°步进增加。

5. 阻抗图显示模式

1) 平衡点位于屏幕的中央（坐标系的原点），这种模式适用于所有场合，但它也有不足。当使用绝对式探头时，仅有四个象限的空间来显示信号。

2) 平衡点位于屏幕下方 X 轴中心位置，此时显示位于第一、二象限之间，这种模式一般适用于绝对式探头和铁磁性材料。

3) 平衡点位于屏幕右下角，此时仅显示第二象限。

6. 滤波

（1）低通滤波　低通滤波用于降低由高频非相关信号引起的噪声，这种功能是通过仅仅显示低于设置频率的交流频率信号实现的。因为电噪声通常由高频信号产生，如果低通滤波的频率设置较低，那么显示在屏幕上的噪声也就减小了。

低通滤波通常应用于静态检测（通常为手持探头）。值得注意的是，低通滤波通常不应设置过低。因为若是这样，当探头以较高的速度扫过裂纹的时候，缺陷信号将不再出现。在10Hz低通频率作用时，如果缓慢移动探头扫过裂纹，点将跟踪整个缺陷的信号。相反，如果在同一低通频率下高速移动探头扫过裂纹时，仅仅可以在屏幕上看到一个小的波幅。这种现象之所以会发生，是因为信号的频率对于选择的低通频率来说太高了。

但是，如果增加低通的频率，缺陷信号的完整波幅将会完全显示出来。也就是说，扫查速率越高，要选择的低通滤波频率就要越高。因为差动式探头产生两个信号，其变化率高于在相同频率下的绝对式探头。所以，对于差动式探头来说，应选择比采用绝对式探头时还要高的低通滤波频率，因此，最小低通滤波频率的选择应根据扫查速率和所选用的线圈类型来定。

（2）高通滤波　滤波的目的是为了提高信噪比和（或者）压抑不需要的信号，以获得更好的检测灵敏度，并且便于信号评估。在低频、高增益的检测中，滤波频率并不依赖于流过检测线圈的交流电频率，而依赖于测试信号变化的频率。高通滤波设计的目的就是为了让高于高通滤波频率信号能够被显示出来。

（3）带宽　利用带宽功能，可以调节高通和低通滤波的带宽。

7. 门限值设定

（1）X轴门限值设定　X轴门限值只在框式报警模式中起作用。当采用Y轴或圆圈式报警门限时，X轴门限报警功能将从菜单中消失。X轴门限值设定是调节左、右门限值范围。可以让左、右门限都越过零位线，但是左门限的值不能大于右门限的值。

（2）Y轴门限值设定　根据参考试块调整好检测系统，系统能够记录相当于参考缺陷或大于参考缺陷的信号。如X轴门限调节一样，可以单独调节Y轴门限（上门限和下门限）越过零位线，但下门限值不能高于上门限值。如果设置菜单中的报警功能，越过门限的信号将引起声音报警。

（3）圆圈门限　若设定门限为圆圈门限，X轴和Y轴门限将不再存在。

知识准备（3）：涡流检测器材

知识点一：涡流检测仪器

1. 涡流检测仪结构

尽管各类仪器的电路组成和结构各不相同，如图6-12所示，但工作原理和基本结构是相同的。涡流检测仪的基本原理是：信号发生器产生交变电流供给检测线圈，线圈产生交变磁场并在工件中感生涡流，涡流受到工件性能的影响并反过来使线圈阻抗发生变化，然后通过信号检出线圈阻抗的变化，检测过程包括信号拾取、信号放大、信号处理、消除干扰和显示检测结果。

图 6-12 涡流检测仪器

图 6-13 是一个最基本的涡流探伤仪器结构图。涡流仪为产生交变电流供给检测线圈，对检测到的电压信号进行放大，抑制或消除干扰信号，提取有用信号，最终显示检测结果。根据检测对象和目的，涡流检测仪器分涡流检测、涡流电导仪和涡流测厚仪三种。随着电子技术的发展，还出现了智能型涡流检测仪器。

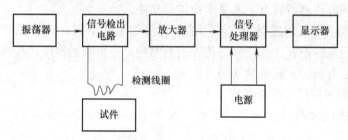

图 6-13 涡流仪结构原理图

2. 振荡器

振荡器的作用是向激励线圈提供所需频率及幅度的电流，以便在试件中感生所需强度的涡流。常配以功率放大器使用。多采用 LC 振荡器，具有起振容易、调整频率方便、能产生较大幅度正弦振荡、频率稳定的优点。

3. 放大器

由于工件中涡流的作用，检测线圈所产生的信号幅度和相位会有相应的改变，但这种变化很小，信号需放大。

对放大器的要求：输入级有低的噪声、宽的动态范围、低的畸变。

4. 信号处理器

用于消除无关信号的干扰。

5. 显示器

显示检测结果，如记录仪、电压表、示波器等。

知识点二：涡流检测线圈

涡流传感器又称探头。在涡流检测中，工件的情况是通过涡流传感器的变化反应出来的。只要对磁场变化敏感的元件，如霍尔元件、磁敏二极管等都可被用来作为涡流检测的传感器，但目前用得最多的是检测线圈。根据涡流检测原理，传感器首先需要一个激励线圈，以便交变电流通过并在其周围和受检工件内激励形成电磁场；同时，为了把在电磁场作用下反映工件各种特征的信号检出来，还需要一个检测线圈。因为涡流传感器的激励线圈和检测线圈可以是功能不同的两个线圈，同一线圈也可具有激励和检测两种功能。因此在不需要区分线圈的功能时，通常把激励线圈和检测线圈统称为检测线圈，或称为涡流传感器，探头如图6-14所示。

a) 滑动探头

b) 环形探头

c) 旋转探头

图6-14　各种涡流检测探头

一般地说，涡流传感器具有下列基本结构和功能。

（1）基本结构　涡流传感器根据其用途和检测对象的不同，其外观和内部结构各不相同，类型繁多。但是，不管什么类型的传感器其结构总是由激励绕组、检测绕组及其支架和外壳组成，有些还有磁芯、磁饱和器等。

（2）功能　涡流传感器的功能有三个。

1）激励形成涡流的功能，即能在被检工件中建立一个交变电磁场，使工件产生涡流的功能。

2）检取所需信号的功能，即检测获取工件质量情况的信号并把信号送给仪器分析评价。

3）抗干扰的功能，即要求涡流传感器具有抑制各种不需要信号的能力，如检测时要抑制直径、壁厚变化引起的信号，而测量壁厚时，要求抑制伤痕的信号等。

知识点三：涡流检测仪器、探头的连接

以 Olympus 便携式涡流仪为例，对涡流仪及其操作过程进行简要介绍。仪器的功能选择与参数设定通过界面输入实现，安装、调试和使用操作都十分简单方便。

仪器与充电器/适配器、MicroSD 卡及 PC 机的连接情况如图6-15所示。

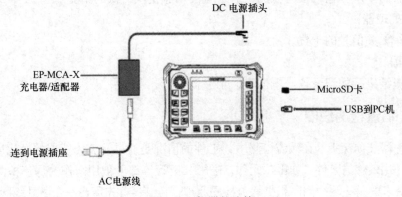

图6-15　仪器的连接

DC 电源、探头（Probe）和 BNC 接口位于仪器的顶部，如图 6-16 所示。

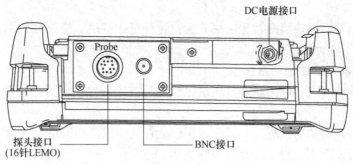

图 6-16　接口

知识点四：涡流检测试块

涡流检测与其他无损检测方法一样，其对于被检对象质量的评价和检测都是通过与已知样品质量的比较而得出的，这类参考物质在无损检测中通常被称为标准试样或对比试样。

1. 标准试样

标准试样是按照相关标准规定的技术条件加工制作，并经被认可的技术机构认证的用于评价检测系统性能的试样。上述定义确定了标准试样的属性和用途。属性一是必须满足相关技术条件的要求，如规格尺寸，材质均匀且无自然缺陷，人工缺陷的型式、位置、数量、大小等。属性二是应得到授权的技术权威机构的书面确认和批准。标准试样不仅应在加工制作完成后需要得到认证，在长期使用过程中还应按相关文件规定定期进行认证。

2. 对比试样

对比试样本质用途是评定被检产品质量符合性的。其主要用于调节涡流检测仪检测灵敏度、确定验收水平和保证检测结果准确。由于对比试样的形状相对于被检对象产品必须具有代表性，因此对比试样的形状必然是千差万别、各不相同的对比试样应与被检对象具有相同或相近规格、牌号、热处理状态、表面状态和电磁性能。对比试样上加工的人工缺陷应采用适当的方法进行测定，并满足相关标准或技术条件的要求。对比试样上人工缺陷的尺寸不应解释为检测设备可以探测到的缺陷的最小尺寸。

涡流检测对比试块（见图 6-17）按如下进行分类。

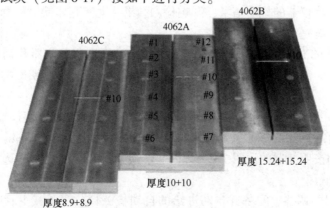

图 6-17　试块

1）按人工缺陷形状，涡流检测对比试块分为：通孔试块、刻槽试块、平底孔试块、圆底孔试块。

2）按工件类型，涡流检测对比试块分为：管材对比试块、棒（线）材对比试块、板材对比试块、异形工件对比试块。

3. 校准试块和对比试块的维护

1）所有试块购买时，应为制造厂质量检验部门按出厂检测项目检验合格，签发产品合格证后的合格产品。

2）使用前后均需防锈处理，处理后宜用硬盒包装，以防止试块生锈和损伤。

3）贮存地点及周围环境不应有腐蚀性气体。

4）使用半年后需要按照相关标准在具有检测资质的机构对试块参数进行校准，以保证其可靠性。

任务：涡 流 检 测

任务一：检测前的准备

为了保证检测的顺利进行和提高检测结果的可靠性，检测前应做好准备工作。

（1）检测方法和设备的选择　检测方法和设备应在综合分析下列因素之后加以确定。

1）检测的目的。

2）检测的材质。

3）检测工件的形状、大小及数量。

4）检测参数及其大小。

（2）检测线圈（探头）的选择　检测线圈是涡流检测的信号传感器，它的性能直接影响检测精度和试验结果的可靠性。选择线圈的主要考虑如下因素。

1）试件的形状和大小。

2）线圈的参数和拾取信号的方式必须与仪器相匹配。

3）检测时要适合于被检测缺陷。

（3）试验条件　试验前，必须对黏附在工件上的金属粉、氧化皮、油脂等进行清除，因为这些黏附物干扰仪器的检测信号，影响检测结果，尤其是非铁磁性材料工件上的磁性黏附物，对试验的影响是很严重的。

（4）对比试样的准备　对比试样（或标准试样）作为调节仪器和判废标准的工具，对试验结果影响极大，制作时应给予足够的重视，如试验规范已做了明确的规定，则必须严格按照规范制作。

（5）仪器的预调　在正式试验之前，应对仪器进行调试，以便使仪器的性能趋于稳定，保证试验结果的可靠性和良好的重复性。仪器预调时间一般为 5~10min（如果仪器的说明书有专项说明，则按照仪器的说明书进行）。通常试验条件（参数）的选择应在仪器经过预调、性能稳定后进行。

（6）附加装置的调整　配备有自动进给的自动检测仪，为了减少管、棒材工件通过线圈时的偏心和振动，需要调节进给装置的滚轮高度和动作机构。

任务二：检测条件的选择

在试验的准备工作完毕之后，需要调节仪器，确定和选择试验条件（参数、状态）。以采用穿过式线圈的管、棒自动检测为例，其试验条件的主要内容有以下几项。

（1）试验频率的选择　涡流检测的灵敏度很大程度上依赖于试验频率。通常，试验频率根据以下因素选择。

1）趋肤效应（透入深度）和检测灵敏度。由于趋肤效应，在导体内流动的高频电流将趋于导体的表面。要对工件表面下一定深度进行检测时，所选择的频率要低于某一值。透入深度为 $\delta = \dfrac{1}{\sqrt{\pi f \mu s}}$（$f$ 为工作频率，μ 为磁导率，s 为电导率），选择工作频率，使得透入深度 δ 等于要检测的深度。但是降低试验频率会使线圈与工件之间的能量耦合效率降低，从而降低检测灵敏度。因此，在依据透入深度选择频率时，应兼顾检测灵敏度。

2）检测因素（工件的不连续、裂纹等）的阻抗特性。根据检测因素对线圈阻抗的影响程度选择检测的方法分两种：其一，选择检测因素产生最大阻抗变化时的频率。其二，选取检测因素与其他干扰因素所引起的阻抗变化之间有最大的相位差时的频率，这种频率选择方法适用于具有相位分析功能的检测设备。这种设备可以利用被检信号与干扰信号之间存在相位上的差异，通过相敏技术抑制干扰信号取得较好的检测效果。例如，在检测时需要抑制由于直径少量变化引起的干扰，可以采用提取垂直于直径效应方面的分量来进行检测。

此外，在进行自动检测，进给速度达到1m/min以上时，选择频率还应考虑到检测速度的影响，如果缺陷很短，而进给速度又很大，此时必须提高试验频率以提高检测灵敏度。

（2）平衡回路的调节　平衡回路的调节是指在采用对比试样的无缺陷部位进行试验时，对平衡回路进行调节，可使检测空载或检测无缺陷试件时，检测线圈的输出信号为零。

（3）灵敏度的调节　灵敏度的确定与检测要求以及使用的仪器有关。一般根据要求检测缺陷的大小，调节与之相适应的人工缺陷指示的大小在仪器仪表满刻度的 50%～60% 的位置上（记录仪灵敏度也按照这种方法调节）。这样，既可以在量程上留有余量，又能保证读数的精度。

（4）相位的设定　相位是指采用同步检波进行相位分析的检测仪中移相器的相位角。一般应该选取能够有效检出对比试样中人工缺陷的相位角。相位角的选择方法有两种。

1）把缺陷信号置于信噪比最大时的相位：这种方法可以使输出信号中降低因工件摇摆、振荡产生的噪声。

2）选取能够区分并检测缺陷的种类和位置的相位角：这种选择方法必须兼顾到缺陷的检测效果和不同种类、不同位置缺陷的良好区分效果。例如，在管件无损检测时，内外表面的裂纹位置的区分。

（5）滤波器的设定　在用对比试样进行无损检测时，人工缺陷以最大的信噪比被检出时，滤波器的中心频率和频带宽度的设定。

（6）抑制器的设定　抑制器的设定是指从显示或记录仪器中消除低电平噪声的调节。由于在相位设定和滤波器调节时抑制器必须置零，因此抑制器的调节应在上述操作之后进行。由于抑制作用，缺陷和缺陷信号的对应关系一般会发生变化（即破坏两者之间的线性关系）。

（7）其他附加装置的调节　在需要采用磁饱和装置时，应恰当地选择使工件达到磁饱和所需要的磁化电流值。这个电流值一般是根据磁通密度的80%以上时工件磁特性对无损检测的影响以及工件的尺寸来选取，并用对比试样进行校准。

任务三：性能校验和检查

本部分以非铁磁性金属管材自动化常规涡流检测为例，阐明涡流检测设备综合性能的测试条件、方法和测试项目以及达到的最低性能指标；其他产品综合性能的校验可以作为参考。

1. 人工标准缺陷样管

1）对比试样上人工缺陷为垂直于管壁的通孔。沿轴向加工5个相同孔径的通孔，其中，2个通孔分别距离管端≤100mm，中间3个通孔之间的间距为（500±10）mm，并沿圆周方向相隔120°±5°分布，如图6-18所示。

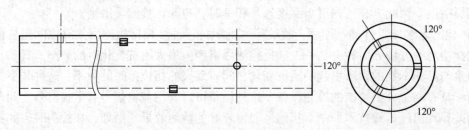

图6-18 标准试块通孔分布

2）测试用人工标准缺陷样管的外径应根据被测试设备常用的产品，以及该设备所能检测管材外径尺寸的上限规格制作。检测线圈内径应与被检管材外径相匹配，其填充系数≥0.6。检测频率范围为（1~125）kHz。

2. 测试项目和方法

（1）周向灵敏度差　将工件同心地穿过检测线圈的中心（或者将检测线圈穿过工件的中心），调整检测灵敏度的dB值，使标准缺陷样管中间的圆周方向相隔120°的3个人工缺陷刚好报警，并且连续扫查5次均报警。记录下此时的检测灵敏度dB_1值。

再将工件同心地穿过检测线圈的中心，同时以1dB的差值增加衰减，使人工标准缺陷样管中间的圆周方向相隔120°的3个人工缺陷刚好不报警，并且连续扫查5次均不报警，记录下此时的检测灵敏度dB_2值，则周向灵敏度差值为

$$\Delta = dB_1 - dB_2$$

式中　Δ——周向灵敏度差（dB）。

（2）端部盲区　在dB_1检测灵敏度的基础上，将增益提高3dB，则听到报警声响的那个通孔到工件端部距离表示端部盲区。

（3）分辨力　将工件同心地穿过检测线圈中心，调节增益，使工件单个通孔指示在满屏刻度的50%。然后不再调节仪器，再将工件同心地穿过检测线圈中心。记录工件有成对通孔的信号指示值，当达到满屏刻度的35%以上范围能明显地得到两个临近通孔的指示时（或将增益提高3dB听到两声报警时），则用最小的两个通孔中心距离表示分辨力。

（4）稳定性　在涡流检测设备连续运行2h之后，重新测试周向灵敏度差和信噪比，连续测试3次。

稳定性应达到的最低指标为灵敏度 dB 的波动≤2dB，且满足周向灵敏度差及信噪比的要求。

任务四：检测操作

1）清理被检工件表面润滑油、脂、锈蚀或其他妨碍检测的物质。
2）连接涡流检测仪和探头，开机等待仪器自检结束。
3）进行主要检测参数设置。

第一，频率调节：应根据检测深度、检测灵敏度、表面和近表面缺陷相位差、信噪比等条件选择检测频率。对零部件的（除管、棒材之外的）检测还应考虑表面状况的影响。合适的检测频率应根据在对比试样及被检工件上综合调试的结果确定。为了去除部分干扰涡流检测的因素（例如，热交换管中支撑板产生的干扰信号的去除），可采用多频检测方法，通过对比不同频率下缺陷信号的幅度或阻抗平面轨迹，综合判定缺陷的特征。一般情况下，铜和铝材质检测频率 200~300kHz，可检测深度 0.2mm 左右的缺陷。

第二，相位调节：仪器相位调节应有利于缺陷响应信号与提离干扰信号的区分与辨识，通常将提离信号的相位调节为水平方向，人工缺陷响应信号与提离信号之间尽可能有大的相位差。涡流响应信号会随着检测频率的改变而改变，在改变检测频率的同时应重新调节提离信号的相位，使其处于水平方向。必要时，可通过调节人工缺陷响应信号的垂直/水平比来增大人工缺陷响应信号与提离信号间的相位差。

4）灵敏度的设定：在对比试样上用规定的验收水平调试检测灵敏度，使检测线圈通过作为验收水平的人工缺陷时，人工缺陷信号的响应幅度不低于满屏刻度的 40%，保证超过或等于验收尺寸的人工缺陷被准确发现，人工缺陷信号与噪声信号比≥5。如有必要，可根据作为验收灵敏度的人工缺陷响应信号设定仪器的报警区域。

5）按照规定的检测位置和检测方式对被检试样进行扫查。

第一，扫查过程中，探头应垂直于被检工件表面，在检测工件的边缘部位时，可采用专用检测线圈以保证电磁耦合的稳定性。

第二，工件检测时的扫查速度应与仪器标定时的速度相同（仅适用于自动检测，人工扫查时速度偏差不要过大即可）。

第三，工件边缘的影响不应使信噪比小于 3：1。

第四，扫查中发现异常响应信号时，对有信号响应的被检区域应反复扫查，观察响应信号的重复性，并与对比试样上的人工缺陷响应信号进行比较。

第五，扫查方向应尽可能与缺陷方向垂直，对未知的缺陷方向，扫查至少要有两个相互垂直的方向。扫查间距不应大于检测线圈的直径。

6）响应信号识别与分析。

第一，记录重复出现的异常响应信号的幅度与相位。

第二，对于铁磁性材料，表面裂纹响应信号与提离信号之间通常存在较大的相位差；对于非铁磁性材料，表面裂纹响应信号与提离信号之间往往存在较小的相位差。

第三，对于出现异常响应信号的区域，应细致观察响应信号对应在工件表面的位置，通过扫查信号响应情况来确定裂纹的方向与长度或其他类型缺陷的大小。

7）检测结果的评定。

第一，对检测中发现的异常响应信号分析，排除由相关干扰因素引起的信号，例如提离、边缘、材质不均匀等干扰信号，此时应将异常响应信号视为缺陷引起的，根据前述平底缺陷的方向、长度或面积及类型。

第二，对于表面缺陷，可根据响应信号幅值与对比试块上相应深度人工缺陷响应信号幅值的比较，评定引起该响应信号的缺陷深度。缺陷信号的相位可作为表面缺陷深度评价的参考信息。

第三，应根据相关产品的技术条件或与委托方商定的验收准则，对被检测产品给出合格与否的结论。

第四，当产品技术条件和相关技术协议未给出验收准则时，可以仅对所发现缺陷给出定量的评定，而不给出合格与否的结论。

8）每间隔2h以及检测结束后重新检查灵敏度；在校验时发现检测灵敏度的数据变化超过2dB时，应重新调整仪器，并对采用上次校验灵敏度为标准检测的工件进行复检。

9）关机，正确记录有关检测信息。

任务五：记录填写

检测记录填写参见表6-1。

表6-1 检测记录表

试件名称		主要尺寸	
批次		数量	
表面状态		试件材质	
检测时机		检测程度/区域	
检测标准/规范		验收规范	
检测设备/型号		设备显示方式	
探头规格		探头类型/编号	
试块类型		检测频率	
扫查方式		相位角	
增益/dB		扫查速度	
检测日期		检测人员姓名	
检测结果			

任务六：对某工件的涡流检测

1. 准备

机加工状态，工件表面质量符合要求，无油脂、锈斑等影响涡流检测的污物。探伤设备通电后，必须进行≥10min的系统预运行方可进行调试、检测。

2. 灵敏度调节

1）在与检测条件相同的情况下，调节检测设备，使对比试样通过探头时，仪器应能显示出清晰可辨的人工标准缺陷信号。

2）3个人工标准缺陷的显示幅度应基本一致，相差不大于平均幅度的±10%。

3）将3个人工标准缺陷的显示信号幅度调到满幅度的50%~70%的某一幅度，选取其中最低幅度作为标准报警幅度。此时信号应处于仪器放大器的线性区内。

3. 调试状态检查

在完成灵敏度调节规定的调试后，在与检测条件完全相同的情况下，对比试样不少于3次连续通过探头时，检测设备对3个人工标准缺陷必须100%报警。采用记录报警时，3个人工标准缺陷的记录幅度3次中最低者应不小于记录标准报警幅度。

4. 检测

完成上述规定的内容后，保持仪器设备的状态不变，开始对工件进行涡流检测。

5. 校对

结束检测前以及检测过程中，每4h或检验人员认为有必要时，必须用对比试样对检测设备的工作状态进行校对，如发现不符合规定时，应立即对检测设备重新调试，并对上次校对以来检测的所有工件重新检测。

6. 检测结果的评定与处理

1）综合评定。检验结果可根据缺陷响应信号的幅值和相位进行综合评定。缺陷深度应依据缺陷响应信号的相位角进行评定。

2）制造产品的评定与处理。

第一，质量验收等级的规定应按供需双方合同，或按相关产品标准要求执行。

第二，经检测未发现尺寸（包括深度）超过验收标准缺陷的工件为涡流检测合格品。

第三，经检测发现有尺寸（包括深度）超过验收标准缺陷的工件，可复探或采用其他检测方法加以验证。若仍发现有超过验收标准的缺陷，则该工件为涡流检测不合格品。

第四，不合格的工件经设计部门或委托检验方同意，可将缺陷部位进行清除或修补后重新进行检测。

3）在用设备的评定与处理。在用设备的合格等级应与业主协商，按有关规程确定。

7. 日常和定期性能校验记录

一般应包括以下内容：

1）委托单位。

2）被检工件：名称、编号、规格、材质、坡口形式、焊接方法和热处理状况等。

3）检测设备：涡流检测仪及探头型号（差动、绝对），名称、型号和源尺寸。

4）检测规范：检测使用的参数（频率、速度）对比试样的牌号、规格及编号。

5）工件检测部位应在草图上予以标明，如有因检测方法或几何形状限制而检测不到的部位，也应加以说明。

6）检测结果及质量分级、检测标准名称和验收等级。

7）检测人员和责任人员签字及其技术资格。

8）检测日期。

模块七

目视检测

知识目标：
掌握目视检测基础理论知识，了解目视检测设备器材常识。

能力目标：
能使用目视检测设备，能独立执行检测操作，记录和分类检测结果。

任务描述：
完成目视检测的执行。

知识准备（1）：检测原理

知识点一：光和光线

光和人类的生产生活有着十分密切的关系，人的视觉要依靠光。

光波是电磁波的一种，是具有波粒二象性的物质，既有波动性又有粒子性。波长在 400～760nm（$1nm = 10^{-6}mm = 10Å$）的电磁波能够被人眼感觉，称为"可见光"，超出这个范围人眼就无法感觉得到。不同波长的光产生不同的颜色感觉。同一波长的光，具有相同的颜色，称为"单色光"。由不同波长的光混

图 7-1 不同颜色光的波长范围

合而成的光称为"复色光"，不同颜色光的波长范围如图 7-1 所示。白光是由各种不同波长的光混合而成的一种复色光。

知识点二：光的反射和折射

光照射在镜子上会发生定向反射。在光泽的或被抛光的金属和非金属表面上也是这样，这就是镜面反射。在镜面反射情况下，反射角等于入射角。

光在表面反射时，只有一部分入射光被反射，还有一部分被吸收。反射损耗取决于波长。例如，当波长为 500nm 时，在铝镜面层的反射损耗约为 8%，在银镜面层的反射损耗只

有 3%。

结构化的粗糙表面（如纺织品或者纸张）也会反射光。光在任意方向反射，没有方向性，没有规律性，这就是所谓的漫反射。

反射发生时有特定的优先方向。镜面反射所反射的光是平行的，漫反射所反射的光是发散的（见图 7-2）。

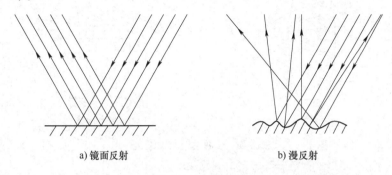

图 7-2 光的反射

如果光以小于 90°的角度从一种透明的介质射入到另一种介质，就会发生所谓的折射。即当光从一种介质斜射入另一种介质时，它的传播方向总要发生改变。光的折射现象经常可以看到，例如，玻璃杆斜插入水中，可以看出水面上下的两部分好像折成两段（见图 7-3）。

折射定律可表述为：折射光线位于折射面内，入射角的正弦和折射角的正弦之比，对于一定的两种介质来说是一个和入射角无关的常数。

$$\sin i / \sin i' = n_{1,2}$$

折射线与入射线的延长线的交角，称为折射时的偏向角 δ。偏向角 δ 等于入射角 i 和折射角 i' 的差（见图 7-4）。入射角越小，偏向角越小；入射角等于零，偏向角也等于零。就是说当光线垂直入射时，进入另一种介质的光线并不改变它原来的方向。

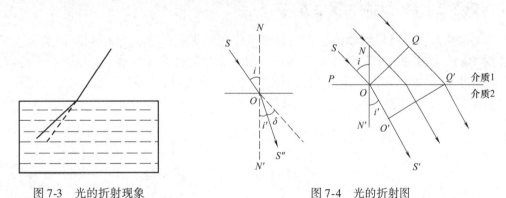

图 7-3 光的折射现象　　图 7-4 光的折射图

在光的折射现象中，同样存在光路的可逆性，当光线逆着折射线（$S''O$）的方向射到界面时，一定会逆着原来入射线（OS）方向折射。

如果一束光线斜射到两介质的分界面 P 上（见图 7-4）。所有的光线具有相同的入射角 i，通过平面 P 折射后，按折射定律，所有折射光线显然具有相同的折射角 i'。因此，仍为一平行光束。与平行光束相垂直的入射波波面和折射波波面应该是两个平面。

光的折射可以应用于表面为球面的透镜（即球面透镜）上。例如，放大镜：可分为具有放大功能的凸透镜（即聚焦透镜）和具有缩小作用的凹透镜（即发散透镜），如图7-5、图7-6所示。

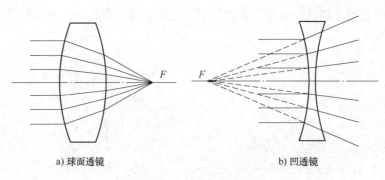

图 7-5　球面透镜与凹透镜

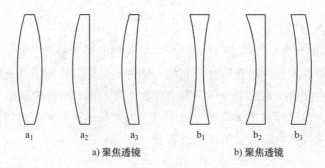

图 7-6　聚焦透镜和发散透镜

注：a 为聚焦透镜：a_1 为双凸，a_2 为平凸，a_3 为凹凸；b 为发散透镜：b_1 为双凹，b_2 为平凹，b_3 为凸凹。

知识点三：照明方向和观察方向

照明时，被照射的物体会产生投影。根据光源的大小，存在本影和半影（见图7-7、图7-8）。如果被照射的物体表面粗糙，则垂直照射时难以分辨，而倾斜照射时容易分辨。因此粗糙面的外形由于阴影投射得到改善（对比度提高）。漫反射状态下，虽然可以进行反向观察，但存在定向反射，会导致眩目。

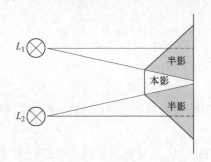

图 7-7　使用两个点状光源时的本影和半影

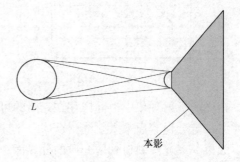

图 7-8　使用面状光源时的本影和半影

知识点四：视力

视力主要是指中心视力，中心视力是指视网膜黄斑中心凹的视觉敏锐度，即对物体的精细分辨力。通俗地讲，是指人眼视物的能力。决定视力的主要因素是物体的大小和眼睛与物体的距离，当然物体的亮度、背景、对比度、颜色，人的年龄、精神状态等都会对视力产生影响。

1. 眼睛的组织及生理机能

目视检测就是人眼或人眼配合光学仪器，对工件进行表面检测，因此了解人眼的构造是非常重要的。人的眼睛相当于一个光学仪器，它的内部构造如图 7-9 所示。

2. 图像形成

（1）眼睛的调节　我们观察某一物体时，物体经过眼睛在视网膜上形成一个清晰的像，视神经细胞受到光的刺激引起视觉，我们就能看清物体。眼睛能够清晰地看见不同距离的物体，这种能力称为调节。正常人的眼睛在完全松弛的情况下，能看清无限远的物体。在观察近距离的物体时，眼睛的水晶体肌肉收缩使水晶体前表面半径变小，后焦点前移，同样也能看清物体。实际上，人眼能看清的物体范围是有限的，这个范围称为调节范围。

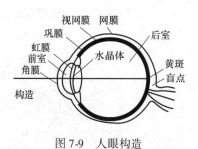

图 7-9　人眼构造

正常人眼从无限远到 250mm 之内，可以轻松地调节，我们把眼睛中水晶体肌肉完全放松状态下所能看清的点称为明视远点；把眼睛中水晶体肌肉处于最紧张状态下所能看清的点称为明视近点。最适宜观察和阅读的距离为 250mm，我们能在这个距离上长时间工作而不感到疲劳，这个距离称为明视距离。

（2）眼睛的适应　人眼除了能看清不同距离的物体外，还能在不同亮暗条件下工作。眼睛所能感受的光亮度变化的范围是很大的，可达到 1012∶1。这是因为眼睛对不同的亮暗具有适应能力。可分为暗适应和亮适应两种，暗适应是指从亮处到暗处，瞳孔逐渐变大，使进入眼睛的光亮逐渐增加，暗适应逐渐完成。此时，眼睛的敏感度大大提高。在暗处停留的时间越长，暗适应能力越好，对光的敏感度也越高。但是经过大约 50~60min 后，敏感度到达极限值。人眼能感受到的最低照度值称为绝对暗阈值，约为 10^{-9} lx。相当于蜡烛在 30km 远处产生的照度，也就是说当忽略大气的吸收和散射时，眼睛能感受到 30km 远处的烛光。

同样，当从暗处进入亮处时，也不能立即适应，要产生眩目现象。但亮适应的过程很快，一般几分种即可完成。

（3）人眼的分辨力　眼睛具有分开很靠近的两相邻点的能力，这称为眼睛的分辨力。如果两物点相距太近，在视网膜上所成的两像点将落在同一视神经细胞上，视神经将无法分辨两点而把两点看成一点。当我们用眼睛观察物体时，一般用两点间对人眼的张角（视角）来表示人眼的分辨力。

试验证明，在良好的照度条件下，人眼能分辨的最小视角为 1′。要使观察不太费劲，视角需 2′~4′。

眼睛的分辨力随被观察物体的亮度和对比度不同而不同。当对比度一定时，亮度越大则分辨力越高；当亮度一定时，对比度越大则分辨力越高。同时，照明光的光谱成分也是影响分辨力的一个重要因素。由于眼睛有较大的色差，单色光的分辨力要比白光高，并以555nm的黄光为最高。

知识准备（2）：设备、器材

知识点一：一般目视检测的技术装备

（1）测量器具　测量装备有长度测量的测量工具，如直尺、钢卷尺（见图7-10）、游标卡尺（见图7-11）、激光测距仪（见图7-12）等。

图7-10　钢卷尺

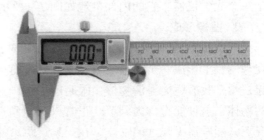

图7-11　游标卡尺

（2）放大镜　放大镜是用以放大细节的光学仪器。放大镜可以放大可视角度以及被检工件的局部细节，但限制了可视范围。放大镜的光路如图7-13所示。

图7-12　激光测距仪

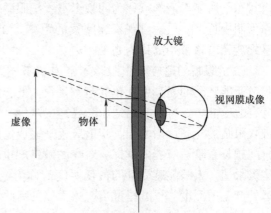

图7-13　放大镜的光路

立体显微镜或放大镜非常适合于较小的被检工件。当目标放在聚光透镜的单倍焦距以内，放大镜会产生放大的虚像。

如果放大镜要放大很多，就必须紧靠表面，这样可能会产生照明问题。因此，确定上限约为10倍放大，但常用的放大倍数是3~5倍的放大镜。图7-14为放大倍数3倍、6倍和9倍的袖珍放大镜。

图7-14　3倍、6倍和9倍的袖珍放大镜

有一种适于在较远距离观察的特殊放大镜,就是远距放大镜,这种放大镜额外使用了一个发散透镜(凹透镜)作为目镜。后者会降低放大系数。

(3)光源、电筒和发光体　目视检测要求要有足够的照明,对于不采用仪器和辅助工具的简单目视检测,需要配备白炽灯。对于目视检测重要的不是灯泡或者发光体的功率,而是发光效率。有时即使灯泡功率高,但发光效率过低,该功率就不能有效转换为光,而转换为具有干扰作用的热量。

其他光源有金属蒸汽灯和氙气高压灯,其发光效率高于传统的白炽灯。

(4)反射镜　反射镜(见图7-15～图7-17)是光学辨别物体细节的另一种辅助工具,主要用于肉眼无法到达的地方,如内孔、开口、管道。反射镜可以用来观察边边角角的区域,同时还具有随被检工件形状不同而放大或缩小的可能。反射镜产生一个左右颠倒的虚像,就好像位于镜子的后面。平面镜的入射角等于出射角。

(5)量规　目视检测时也用到错边尺(见图7-18)。

图7-15　内尺寸检查仪器所使用的镜子

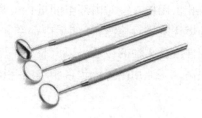

图7-16　一套内尺寸检查仪器

图7-17　反射镜

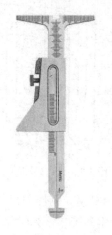

图7-18　圆形结构的错边尺

知识点二:专业目视检测的技术装备

这些设备和辅助工具与各自要检查的产品有关,比如锻件或者焊接接头。这关系到的不再是一般常用的测量技术,而是面向任务的辅助工具,如来自生产的比较图谱,用于腐蚀凹坑检查的轮廓量规或者焊缝检验尺。

(1)标准试样　例如,回火色图谱、用于比较表面状态的样板、用于比较表面缺陷的参考图片或者目标对象专用的对比试块。

材料检验人员和焊工应了解回火色。回火色是在加热某种材料时所产生的，比如钢，其回火色与温度之间有特定的关系。可以通过回火色图谱对回火色的温度进行评定（见图7-19）。

有确定表面粗糙度的标准试样，在进行视觉对比时需注意，要以相同的光入射方向进行对比。使用复制技术或者利用显微镜进行比较是更准确的。

（2）量规　典型量规如图7-20、图7-21所示，包括各型焊缝检验尺。

目视检测人员往往还配备一套焊缝检测工具包，适用于流动作业。

（3）内部空间的目视检测——内窥镜　被检工件可能会有内表面，这些内表面在检测时必须是可以接近的，至少应有引入内窥镜的开口。在很多应用中，仅对工件进行外部检查是不够的。如果有孔，用检查镜对内部空间进行检查可能会受到限制（例如，通过火花塞孔对汽车发动机的燃烧室进行检测）。如果内部空间较大、较深，可使用内窥镜进行检测。内窥镜可以使用刚性或者柔性的，还可以调整为不同的长度使用。在医药技术领域，柔性内窥镜的发展水平很高。工业用内窥镜包含刚性内窥镜和柔性内窥镜，视频内窥镜有刚性或柔性的结构。

图7-19　回火色图谱

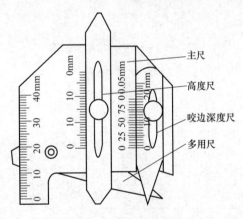

图7-20　焊缝检验尺

图7-21　扇形不锈钢制焊缝检验尺

1）刚性内窥镜。刚性内窥镜大多是管状的（见图7-22）。目视检测人员的视线通过目镜进入一个光学系统。该光学系统由用于图像传输的透镜以及用于图像采集的带有镜子或棱镜的物镜组成。通过棱镜，可以改变观察方向（直视、侧视、前视或后视）（见图7-23）。图像传输后得到总是真实、左右方向正确的图片。按照物体距离和光学系统的不同，传输出的可能是相同大小、或缩小、或放大的图像。观察方向和开口角度决定了视野范围。

2）柔性内窥镜。如图7-24所示，柔性内窥镜通过玻璃纤维图像导体实现图像传输，而非光学透镜系统。其中，每根光纤传输一个像点。图像导体线缆的纤维越多，图像质量越好，分辨力越高。如果一根光纤断裂，则该像点丢失。图像导体线缆只能整体制造，而不能像刚性内窥镜那样拼接组装。随着光纤数量减少和长度增加，图像传输质量会变差。光纤数量通常取决于内窥镜直径。依据技术结构的不同，光纤数量一般在几千和几十万之间，光纤

直径可能小于 $10\mu m$。

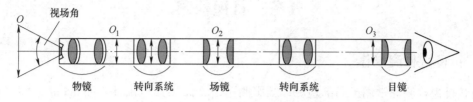

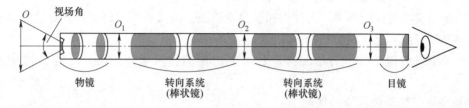

图 7-22 刚性内窥镜光学系统

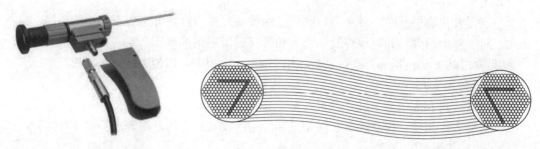

图 7-23 刚性内窥镜　　　　图 7-24 利用玻璃纤维图像导体进行图像传输

3) 视频内窥镜。视频内窥镜的结构可以是刚性或柔性的，如今以柔性结构为主。图像采集通过较小的视频摄像机或 CCD 芯片（电荷耦合装置）实现。金属电极以绝缘的方式（例如壳型方式）气相沉积半导体材料。如果电极在存储中产生了应力，会导致半导体中电荷载流子缺乏。入射的光子释放出电荷载流子，这些电荷载流子在贫乏区聚集，通过 3D 相位扫描运送到结构元件输出端。这样生成电子彩色图像，并传输到显示器上（见图 7-25）。

图 7-25 视频内窥镜的机构示例

任务：目视检测

任务一：目视检测操作

直接目视检测通常用于局部检测。当眼睛可置于距离被检工件表面 600mm 以内，并且眼睛与被检工件表面≥30°视角时适于目视检测。

无法使用直接目视检测时，可使用间接目视检测。间接目视检测使用视觉辅助设备，如内窥镜和光导纤维，连接到照相机或其他合适的仪器。

目视检测应覆盖工件所有检测区域和可能出现的目视检测缺陷。焊缝目视检测工作如下。

1. 检查焊缝的清理和修磨情况

1）以人工或机械方式去除所有焊渣，为避免掩盖任何焊接缺欠。
2）无工具印记或击打痕迹。
3）当需要修磨焊缝时，避免因打磨引起的接头过热、修磨痕迹和不平整的表面。
4）对于修磨角焊缝和对接焊缝，接头和母材圆滑平整过渡。

如果发现缺欠（包括因打磨或其他原因引起），应报告，以便采取修补措施。

2. 检查外形和尺寸

1）焊缝成形和焊缝余高满足要求。
2）焊缝表面规整；焊波形状和间距呈现均匀一致和满意的目视表现；如 WPS 要求，测量焊缝尺寸和各焊道的位置。
3）整个接头的焊缝宽度保持一致，满足焊接图样或验收标准；对于对接焊缝，应核查焊缝坡口，检查其是否完全焊满。

3. 检查焊缝根部和表面

目视可及的焊缝，如单面对接焊缝根部和焊缝表面，应检测并确定与验收标准的偏离。

1）对于单面对接焊缝，整个接头的熔透性、根部凹陷、烧穿或缩沟等是否符合验收标准规定的范围。
2）任何咬边应符合验收标准要求。
3）位于焊缝表面或热影响区的任何缺欠，如裂纹或气孔，应符合适宜的验收条件，必要时，采用光学辅助检测。
4）去除任何便于构件拼装或装配而临时焊接到工件上，完成焊接后影响工件使用或检测工作的辅件；应核查安装辅件的部位，确保无裂纹。
5）任何引弧应符合验收标准规定的范围。

任务二：目视检测记录

对于目视检测的结果，应进行记录。记录包含对检测工件一般描述性内容，以及检测项点的结果和检测条件（时间节点、照明条件、观察条件）。如果对尺寸进行了测量，也应记录下来。

参 考 文 献

[1] 万升云，等．超声波检测技术及应用［M］．北京：机械工业出版社，2017．
[2] 万升云，等．磁粉检测技术及应用［M］．北京：机械工业出版社，2018．
[3] 万升云，等．渗透检测技术及应用［M］．北京：机械工业出版社，2019．
[4] 万升云，等．目视检测技术及应用［M］．北京：机械工业出版社，2020．